JN408990

이것은 뭘까

이것은 뭘까

... 지금은 여정 중 ...

... 느림을 찾아서 ...

... 아름다운 것들 ...

... 내세의 길목에서 ...

정범식

4시집

도서출판 천우

시인의 말

불혹(不惑)이 그 언제였을까?
어느덧, 이순(耳順)이 지척이고 보니
참으로 변변치 않은 삶 많이도 달려왔구나.
라고 생각이 들 때 즈음하여
한여름이 폭음에 못 이겨 힘없이 고꾸라질 때
굵은 땀을 산그늘에 씻기고 말리어 가면서
네 번째 시집을 가만히 내밀어 봅니다.
1부는 멀지 않은 삶이 끝을 보이려 할 때
지금도 여정이고 싶은 욕망을 찾아서.
2부는 여정 중인 삶 한가운데서 서서 끝없는
느림을 찾아서.
3부는 우연을 가장한 인연 속에 스치고 만나고
이별하는 추억을 먹어 가면서 바라보는
아름다운 것들.
4부는 종점을 향해 열심히 달려가고 있는 삶의
내세의 길목에서.
라는 주제를 가지고 집필하였습니다.
마지막 순간까지도 마른 장작이 되어 펜을 놓지 않는 화력 좋은 불쏘시개였으면 하는 바램….

2018년 경북 예천 산골짜기에서
용운(龍雲) 정범식

제1부
지금은 여정 중

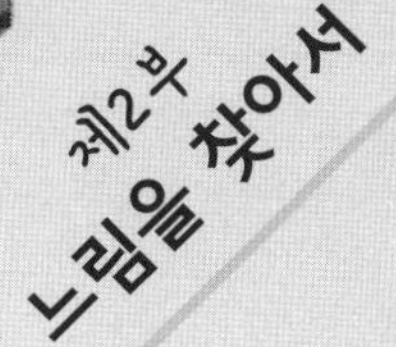

제2부 느림을 찾아서

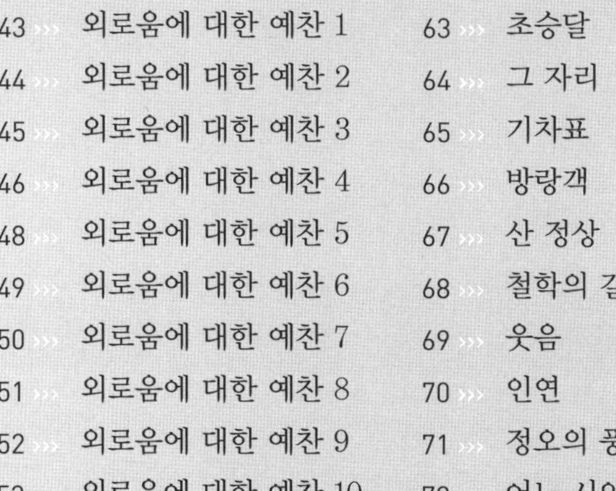

제3부 아름다운 것들

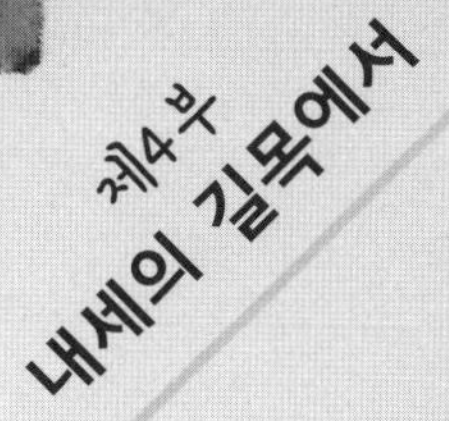

제4부 내세의 길목에서

제1부

지금은 여정중

길

사는 것
켜켜이 쌓이고 보니
저 홀로 무게 되어
흘러내리네
잊혀지고
버려지는 것도
다 나름의 태산일 터
이미 지나온 그 길
또다시 가게 될까
노심초사(勞心焦思)
걸음걸이 조심스러움에
저절로 두 손 곱게
모으게 되더라

이팝꽃

이팝나무 아래 서성일 거면
가로등 불빛이나 되어 주오
새벽잠 설치며 다가온 바람
그대 향기 그리워
수도승인 양 주저앉았더이다
뭇, 스쳐 간 얘기들
허기진 인연들
이팝꽃으로 피어났다가
수많은 별빛들 사이 유성이 되어
하염없이 날아다닐 거외다
아직은 단아한 옛정 남아 있어
꾸역꾸역 어둠 헤치거든
이팝꽃 다시 피는 날
그대 옷깃에 스친 윤회 되어
스스로도 가슴 아파할 거외다

무(無)

무 밑동 같다는 말
사실이라네
오동통하고 튼튼했건만
천지가 다 사라져도
그 삶
주야청청인 줄 알았다네
서리 내려 몸서리칠 때
몸뚱이 얼고 물러 터질 줄
진정코 몰랐다네
영혼 상처 나고
추억마저 덜덜 떨고 있을 때
어루만져줄 이 없는
덧없는 외로움이었다네
이다지 품어야 할까마는
이 오묘한 득도(得道)의 진리
깨달음의 시작이 될 줄
진정코 몰랐다네
땅에서 땅으로 가야 하는
그래서, 무(無)인가 보네

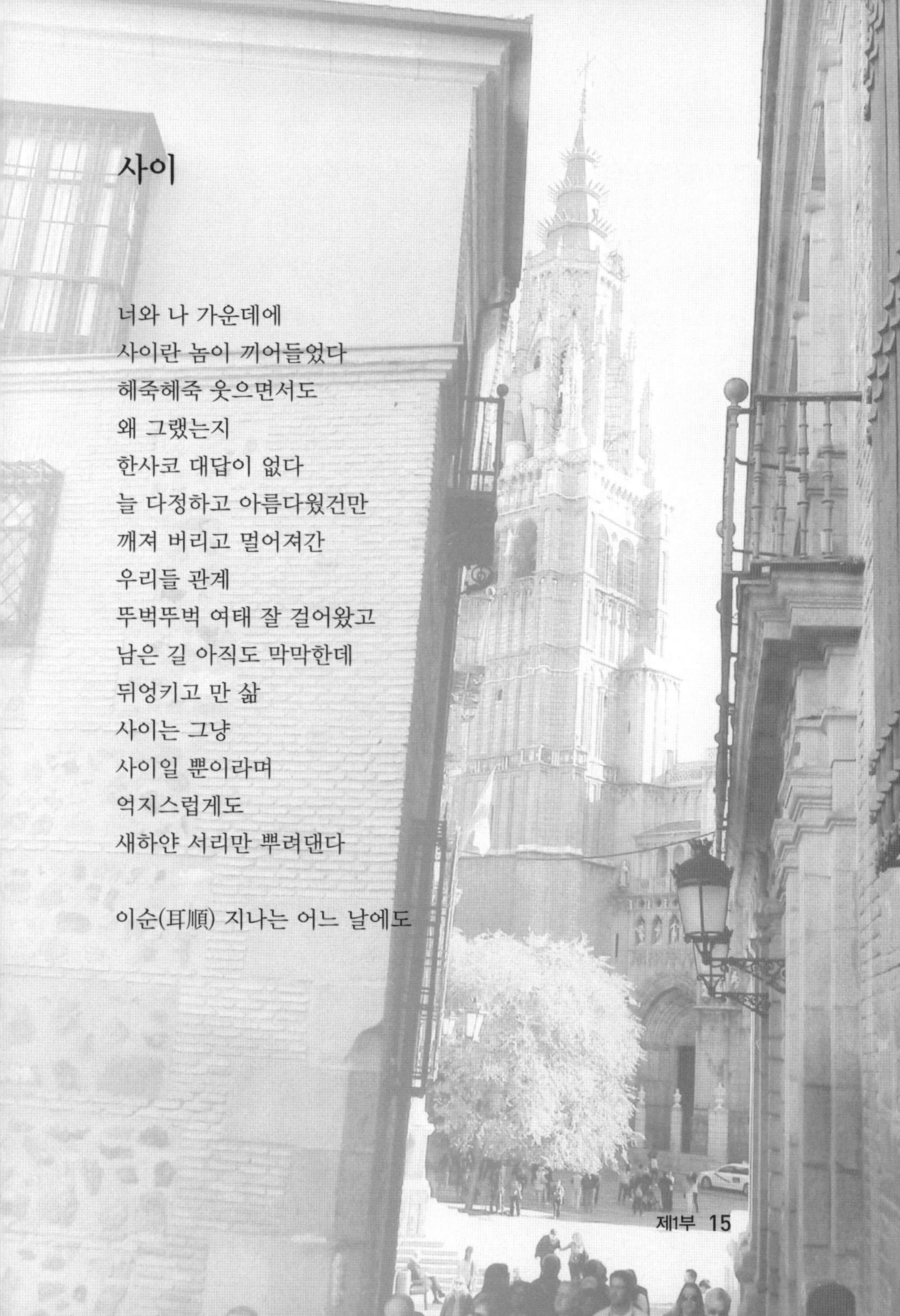

사이

너와 나 가운데에
사이란 놈이 끼어들었다
헤죽헤죽 웃으면서도
왜 그랬는지
한사코 대답이 없다
늘 다정하고 아름다웠건만
깨져 버리고 멀어져간
우리들 관계
뚜벅뚜벅 여태 잘 걸어왔고
남은 길 아직도 막막한데
뒤엉키고 만 삶
사이는 그냥
사이일 뿐이라며
억지스럽게도
새하얀 서리만 뿌려댄다

이순(耳順) 지나는 어느 날에도

스친 인연

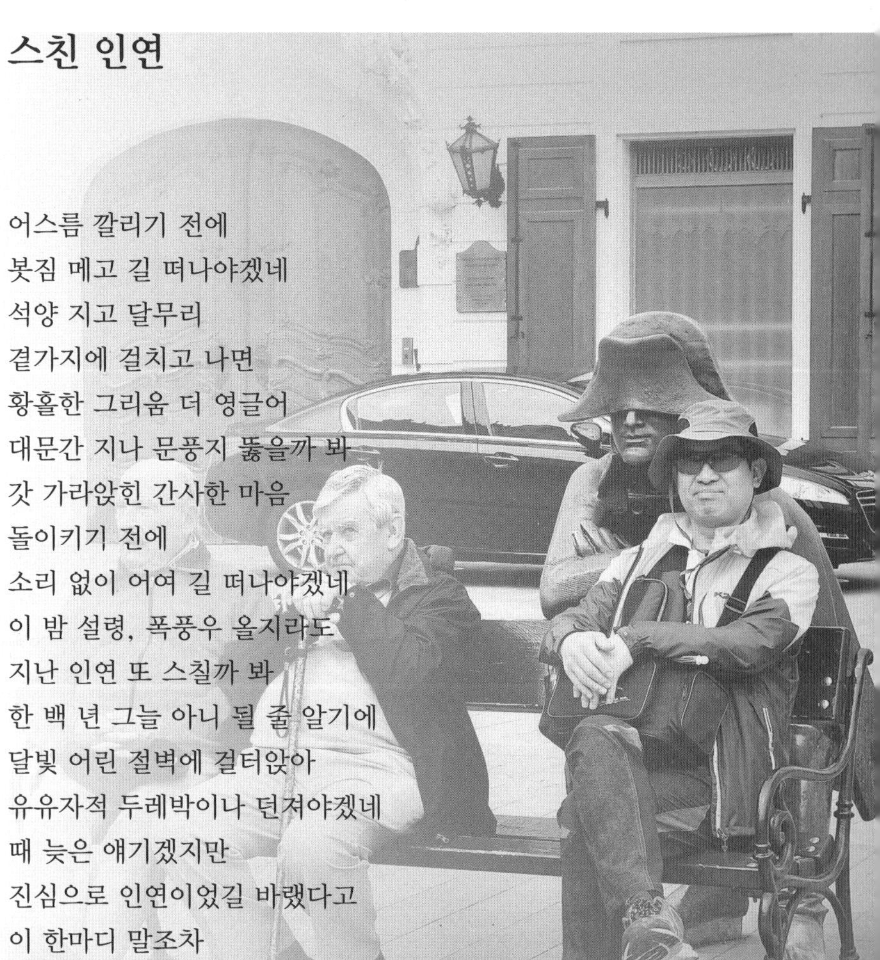

어스름 깔리기 전에
봇짐 메고 길 떠나야겠네
석양 지고 달무리
곁가지에 걸치고 나면
황홀한 그리움 더 영글어
대문간 지나 문풍지 뚫을까 봐
갓 가라앉힌 간사한 마음
돌이키기 전에
소리 없이 어여 길 떠나야겠네
이 밤 설령, 폭풍우 올지라도
지난 인연 또 스칠까 봐
한 백 년 그늘 아니 될 줄 알기에
달빛 어린 절벽에 걸터앉아
유유자적 두레박이나 던져야겠네
때 늦은 얘기겠지만
진심으로 인연이었길 바랬다고
이 한마디 말조차
진정코 하지 못하고 떠나야겠네

삶의 이치

산 중턱 붉은 노을 깔릴 즈음
들판에 허리 굽혀
갈무리에 바쁜 노인네
걸음걸이가 천근만근인데
지금쯤은 안식처 찾아야 하고
육체도 뉘어야 한다
스르르 감기는 눈꺼풀 사이로
굵은 땀 주루룩 흐르고
세월만큼이나 늘어난 주름은
보채는 입도 달래야 한다
마당에 켜켜이 쌓아놓은 흔적들
밤안개 뽀얗게 찾아들어
낡은 문틈 비집기 전에 치워야 한다
눈길마저 외면하는 산다는 의미와
미풍에도 흔들리고 마는 미련과
그 미련함
내려놓아야 할 그 무엇들도
이젠 모두 다
대문간 어둠 속으로 내 보내야 할 때다

아라시야마[嵐山]

메마른 부귀영화의 흔적들
도게츠교 난간에 매달린 채
미처 떠나지 못한 추억과
짙은 화장 속에 감춰진 게이샤의 웃음

과거와 현세가 나란히
애달픈 척 대나무 숲길 걷고
그 사이에서 일렁이는 일장춘몽(一場春夢)
푸르름은 전설처럼 허망할지라도
머리 위 뭉게구름만은 저 홀로 완행열차

꿈에라도 이어갈 인연 속에
숨죽이며 밀려드는 수많은 사랑들과
아물지 못할 이별들로
서로 엉키어 거리를 헤매일 때
막다른 골목에서 마주치는
두드리면 금방이라도 열어줄 것 같은
람산(嵐山)의 긴 침묵… 침묵

*람산(嵐山) : 일본 헤이안시대[平安時代] 794년~1185년에 귀족의 별장지.

묘지 위 소나무 한그루

누구의 영혼이었을까
묘지 위의 소나무 한그루
찾아올 리 없는
무성한 잡풀 속에서
저 홀로 외롭다
어느 한때 스쳐 간 이승
그토록 그리웠을까
미풍에도 울먹이는데
혹여, 환생의 꿈
아닐는지 하다만
만감이 교차함에
더 이상 볼 수가 없어
미처 준비하지 못한
이심(異心) 한 아름
묘지 위에 두고 돌아섰다

천리향

그대라는 이유만으로
콩깍지 되어
밤마다 애끓는 마음
천상의 천사인들
이 향기 같을까마는
불꽃처럼 살다 갈
목마른 이내 가슴에는
달빛 어린 고운 자태
그댈 향한 열정
아직 남아 있음에
천 리를 달아난 들
그 무엇이 두려우랴만
설령, 이별을 고할지라도
그 아픔마저도
에덴의 동산 저편에서 만나
그대라는 이유만으로
기쁨으로 받아들이고 싶네

주산지*

이른 아침
뽀얀 물안개
길 막아서던 날
제 무게 겨운
이슬 한 방울
물속으로 풍덩이니
화들짝 놀란
고목(古木) 왕버들
일파만파 들려오는
봄소식에
새순 하나 가만히
내밀어 보더라

*주산지 : 경북 청송군 주왕산에 위치함.

침입자

생밤 깨물다가
그 안
고이 잠든
벌레 한 마리

나름의
가장 편안한
안식처일 터

뜻하지 않았고
원하지도 않았음에
일어나게 된
이 사태

침입자라는 낙인에
괜시리
속죄하고픈
이 마음

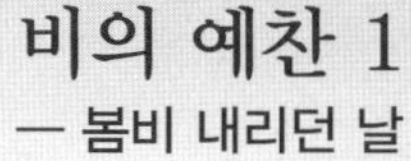

비의 예찬 1
— 봄비 내리던 날

창가에서 내려다본
자그마한 공원!
이별을 앞둔 연인인가
우산속에서는
두 줄기 눈물 주르륵 흐르고
마주한 두 걸음은
봄비 사이에 둔 채
서로의 그림자
조금씩 지우려 하는데
적막함만이 오가는
그대들 세상
어찌 알 수 있겠냐만
세월은 유유자적한 법
이 시간 지나면 그 빈자리엔
아스라한 그리움보다는
또 다른 인연들
풍성히 채워질 것이고
봄비 다시 찾아올 어느 날이면
머나먼 추억 하나 찾아올 거외다

비의 예찬 2
— 비 오는 날의 발자국

한발 뒤따라오는
또 다른 흔적이
이토록 가슴 벅찬 적
없었다
그 어느 청춘 시절부터
그러했으리오 만
잊고 있었던 진실
늘 뒤에 머물면서도
한사코 앞서지 아니하는
느림의 자취
비록 싹싹하진 않지만
외롭거나 쓸쓸해 할 때도
언제나 한결같이
곁에 머물러 있어 주는
그래서 미워할 수가 없고
떼려야 뗄 수 없는 사이
나의 영원한 친구
비 오는 날의 나의 발자국

비의 예찬 3
— 곡우(穀雨)

아지랑이 피어나고
곡우 내리는 날엔
꼭 찾아올 거라 했는데
잊었나 그대는
대지 촉촉이 적시어
마른 논 물대고
호롱불 켜 놓고선
사랑 노래 불러준다 했거늘
어느덧 잊었나 그대는
곡우에 풍년 들고
너울너울 개울
돌다리 건너고 건너
수줍음 대롱대롱 매달린
작약꽃 사이 지나
속삭이듯 사박사박 돌아와
어여쁜 꽃신에 연지 찍고선
새악시 삼아 준다던
그 약속

비의 예찬 4
— 장마 끝나가는 날

있는 듯 없는 담장 에워싼
상수리나무들 툭툭
장마 끝자락을 털어내고 있다
그 아래 잡풀 몇 포기로
이불 대신한 봉분들
오뉴월 장맛비 퍼부어 대듯
그 호령 여태 생생하다
아직도 손길 원하는 텃밭 놔두고
버거운 짐 벗고선 저리 누워 계시니
새삼스레 되집는 옛 얘기
운명처럼 이어갈 연(緣)인 갑다
이 골짜기에서 태어나고 자라
천수답이라 원망도 했겠지만
돌이켜 보면, 장맛처럼 스치고 말
그리 길지 않은 날들임에
이 비 끝나는 날 잡아
노잣돈 삼은 삼베옷 대신
어르신 떼나 입혀 드려야겠다

비의 예찬 5
— 작달비

문밖
개짓는 소리에
나홀로
수심 깊어 하는데
뚜벅뚜벅 찾아오는
작달비는
어이하여 발소리조차
감추는고
처마 끝에 떨어지는
어설픈 협주곡은
이승에서나 있을 법한 일
몽롱한 것이
꿈 아닌 것 확실하다만
어차피 설치는 잠
이 밤 지새워야 할 바에야
빗소리에 장단이나 맞추면서
세상사 촘촘한 그물 쳐서
백팔번뇌나 건져 봄세

비의 예찬 6
— 소낙비 지나는 거리

굵은 소낙비가 포자 날리며
아스팔트 위에 나뒹군다
거센 빗소리 속에 감춘 웃음과 아픔들
무수히 만남과 이별이
찢어지도록 허전한 영혼들로 뒤엉킨
이 거리의 연인이 되어
서로 다른 우산속으로 들어간다
인연이란, 예고 없는 소낙비
시시덕거리다가
바다 언저리에서 제각기 흩어지는 것
돌이켜 보면, 참으로 아름다웠다고
진심으로 사랑했었다고
열변을 토하겠지만
그저, 자조 섞인 회자(膾炙)일 뿐
이 소낙비 그치고 나면
뙤약볕에 말라비틀어진 지렁이처럼
밟히고 문드러진 눈물과
입에 발린 비릿한 핑계의 내음으로
코를 막아야 할 것이다

비의 예찬 7
— 여우비

햇빛 쨍쨍한 날
숲속에 여우비가 내린다
허기진 개울이
흙탕물이 된 기억들 모아
갈증 난 듯 벌꺽벌꺽 마셔 댄다
늘 그 자리였건만
괜시리 흔적만 남기고 말 것들이
우연인지 필연일지 모를
저마다 아파하고 슬퍼하면서
마른하늘에 몇 방울 비처럼
풀리지 않을 수수께끼 되어
이 계곡에 나 뒹군다
사는 게 다 그러할 것인데
우산도 없이 촉촉이 젖고 나면
초라한 자취 다 드러날까
썩고 사라지고 말 삶이
여우비 지난 뒤 맑은 하늘처럼
쨍하게 산화되어 가고 있다

비의 예찬 8
— 보슬비

홀로 등진 그 친구 생각날 땐
보슬비 소리 없이 내린다
들국화마저 가을 찬바람에 떨던 날
주인 잃은 빨래마냥 그 친구는
바람에 펄럭이고 있었지
보슬비는 왜 소리가 없냐고
벌건 대낮에도 달이 보인다며
세상엔 별이 하나뿐일 거라면서
뜬금없이 썩소 짓던 그 친구
포장마차에서 몇 잔 술에 취하던 그날도
진한 담배 연기 속을 헤집으면서
삶이 사라지고 있다고 했지
밤새 옷깃 부슬부슬 적시면서
홀연히 떠나간 그 친구
저 하늘 어딘가에 있을
하나뿐인 별에서 환하게 웃고 있겠지

비의 예찬 9
— 안개비

오솔길 홀로 걸을 땐
안개비 촉촉이 적시는 것도 좋겠다
대수롭지 아니한 듯
발길에 툭툭 차이는 젖은 풀잎
무거워지는 발등의
그 오묘함 즐겨 가면서
조금은 외롭기도 하겠지만
산메뚜기 톡톡 튈 때
멜로영화에 나오는 주인공인 양
고갤 떨구고선
우수에 찬 듯 소소한 모습도
그럭저럭 좋겠다
뒤안길 오물오물 씹어 가면서
가로등 불빛 은은한 모퉁이에서
어쩌면 쓰디쓴 추억의 독주
마실 수도 있겠지만
긴 개울 지나 먼 강가 바라보면서
젖은 어깨 말려 줄
그러한 곳이라면 더더욱 좋겠다

비의 예찬 10
— 급류

귀 기울이다 만 시간들이
어느덧 급류가 되어
빠르게 지나가려 할 것이다
그나마 주어졌던 삶은
여름 다가와 장마 온 걸 눈치채고선
거대한 홍수로 돌변하여
한 치의 양보 없는 물보라 일으키며
두 눈마저 흙탕물로 가리고선
만류도 한사코 뿌리치려 할 것이다
세상사 모든 이들 보는 앞에서
조롱하듯 교만한 자태로 서성이며
내 작은 소원까지 송두리째
검푸른 바다와 만나는
갯벌 속 깊숙이 그 어디에다
화석으로 묻어두려 할 것이다

돌아올 수 없는 영원한 암흑 속으로….

비의 예찬 11
— 장대비

우산마저 뚫는 장대비
시야가 어지럽다
갓 널은 빨래마냥 흥건한 삶
저마다 불어터진 인생살이
연두부처럼 흐느적인다
인적 드문 거리에는
달리는 자동차조차도
한낱 미물 보듯 물세례 질이고
담장 두른 빨간 장미꽃들
악을 쓰며 버텨 보지만
떨어지고 휩쓸려 가야 할
누란지세(累卵之勢)
육중해진 행상(行喪) 메고선
이제는 부의(賻儀) 봉투나 넉넉히
적어놔야 하나 보다

함박눈

정적의 새벽녘!
아무도 몰래
그렇게 찾아올 줄
몰랐다
그 얼마나 부끄럽길래
마주 보지도 못하고
꿈인 척 창가에
나뭇가지 위에
이내 가슴 속에도
소복이 쌓아 놓았다
행여!
바람에 날아갈까
설레이는 첫날밤처럼
소심한 손길
하이얗고 애틋한
순애다

홍시

붉은 너의 자태를
까맣게 먹어 치운
야심(夜深)에
살려 달라는 애원조차 없이
양철 지붕 위로 뚝뚝
떨어지고 마는 홍시 하나
아직은 설익었건만
뭐가 그리도 급했을까
지천이 아름다움인데
훅, 내려놓고만
삶….
보듬지 못한 얼룩들
들키고만 탓일까
내세로 들어가는
기나긴 여정 탓이었을까
붓다의 깨달음인 양
정적마저도 여한이 없다

할머니와 며느리

며늘아! 오늘은 장에 가지 말고
곁에 있어 주겠니?
그렇게 할머니는
저 홀로 긴 여정 떠나셨고
쾌쾌한 아랫목 메주
뜰 때에도
이른 아침 봉당 끝
까치 소식 전할 때에도
할머니의 오랜 향기에
그 며느리는 늘 먼 산 바라보시며
마른 눈물 훔치신다
몇몇 감나무들 장승 되어
집터 지킴으로 서 있고
밤하늘 수많은 별빛들도
다 그대로인데
평생 할머니 수발에
병들고 늙어가신 그 며느리
텃밭 가에 누워계신 어르신
어서 오너라 부르실까 싶어
구부정 허리만 폈다 앉았다 하신다

망각

날카로운 망각의 칼이
가슴속으로 파고들고 있다오
뇌리를 찔린 세상이 온통
새빨갛게 변해 갈 때
그대와의 기억은 끝내
떨어지지 않으려 버티다 만
낙엽이 되어
노랗고 빨갛게 퇴색되었으리니
찬 바람 불어 옷깃 여밀 때
그대 혹시 나를 위하여
사무치는 그리움 남아 있다면
난, 지운 듯 지워지지 않는
그 망각들 모아
그대가 편히 쉴 곳
무인도의 모래알 되어 드리리다

꽃이기에

그대들은 정녕
꽃이기에 아름다워라
들판에서 핀들
화분에서 피어난들
다 사랑스러운 꽃이어라
그 이름만으로
애틋한 그리움 있나니
라일락 향기 아니어도 좋아라
마음속에 그리움 있거든
그대 옆에 갓 피어난
꽃 있으려니
흔들리는 무심만으로도
사무쳐야 할
존재의 의미 있음에
바람으로 지는 꽃보다는
스스로를 태워 그리움 되는
사랑의 꽃이고 싶어라

늙은 감나무

내 어릴 적 기대어
곤히 잠들곤 했던 뒤뜰 감나무
짙은 안개 심술부릴 때면
산모퉁이 돌아오실
엄니의 장바구니 기다리던
머언 추억과
오뉴월 설익어 떨어진
떫디떫은 사연들
엊그제인 양 아른거리는데
여장(旅裝) 풀어헤친
멋들어진 자태와
주렁주렁 붉은 열정 다 어디 가고
중천의 따가운 햇살 가리던 잎새도
이젠 지쳐 여백 들어내는데
이끼 끼고 벗겨진 껍질은
까맣게 마른 입술만 연신 훔치고 있다

배낭여행 첫날

배낭 멘 고행의 첫날
밤늦어 지친 영혼
나란히 옆에 뉘어 본다
언제일지 모르겠지만
머지않아 끊어질 이승들도
야무지게 따라와
이렇듯 눕자고 하겠지
결코 반갑지 않을 그대 이름이
운명이라 하기에
고독하고 외로움조차도
함께 해야 한다기에
이제는 그대에게 정중히
두 손 내밀어 본다
원하는 것이 무엇인지
정녕 알고 있기에
그 언젠가도 그러했듯이
이토록 힘든 여정 함께 하노라면
또 다른 정 쌓일지 누가 알까

제2부

느림을 찾아서

낙엽

물드니까 낙엽이더라
언제까지나
푸른 줄 알았더냐
늘 그러하였듯
어느 한때
바스락거리다가
노랗고 빨갛게 되어
가지 끝에 서야 할 순간
높은 곳임에
떨어질까 무서워지고
입동 날 무서리 내릴까
두려움 앞서더라
이유 있거나 없거나
어차피 다
마찬가지 이거늘
핑계 삼아 뒷걸음쳐 봐도
그냥 낙엽일 뿐이더라

외로움에 대한 예찬 1
— 5.5도에 취해서

5.5도 술 몇 잔에
한껏 들뜬 몸뚱어리
서산에 지는 태양처럼
붉게 달아오르니
때 이르게 스산스러운
외로움 한점이
횡설수설 이내 가슴속
깊이 파고드네
텃밭에 매달린 뒷동산
무성한 굴참나무조차도
한줄기 달빛
제각기 품고 있건만
도려낼 것조차도 없는
이내 허함은
어찌하여 25시의 졸음만
껴안고 있는지

외로움에 대한 예찬 2
— 고인 물

뒷산 계곡 에돌다
자그마한 옹달샘을 발견하였다
어설프게 고이다가 만 물
냇물 되어 강으로 가지 못하고
끝내 주저앉은 모습
맑은 듯 들여다볼수록
흐릿한 게
전혀 낯설지가 않다
외딴곳 탓일까
추근거리던 이내 삶
들킨 탓일까
한동안 숨어 몰래 엿보다가
산들바람에 낙엽 하나가
마치 자기 집인 양 풍덩
자리 잡기에
부끄러운 마음 들킬까 싶어
얼른 발길 돌리고 말았다

외로움에 대한 예찬 3
— 귀향

공허만이 남은 빈터!
허허벌판 응시하던 시선은
적막함에 지친 잡풀 속으로 내팽겨지고
재잘거리던 아이들 소리는
산모퉁이 돌아 도시로 숨은 지 오래
억센 경상도 사투리의 아낙네들
눈 귀 멀고 허리 굽어
하루 서너 번 오가는 버스조차
타고 내리는 게 힘에 겨워
자! 이제는 이곳에다
침묵이라도 촘촘히 심어야 할 때다
마당에 쏟아진 유성들 쓸어가면서
원컨대, 유서도 써주고
차곡차곡 먼지 쌓인 사연들도
돋보기 너머로 밤새 읽어줘야 할 때다
행여, 마지막 머무는 곳 여기일지라도
그 언젠가 홀로 떠나갔던 곳이기에
되돌아옴에 대한 용서 빌면서
겸손도 차려입어야 할 때다
오묘한 외로움도 즐겨야 할 때다

외로움에 대한 예찬 4
— 기억의 저편에 서서

마당 가 곱게 핀
어여쁜 꽃들 다 뿌리치고
황급히 뒷산으로 올라가거든
오래된 외로움에 지쳐
참지 못할 울음 터진 줄 알아라

그것도 한 시절 있었나니
어느 한때, 빛바랜 그 마음엔
함께 했었던 애틋함
숨어 있으려니
이토록 못내 아쉬움에
지나가는 바람이라도 되어
그토록 느끼고 싶었음에
외로움과 그리움 사이에 서서
하염없이 하염없이
몸부림치고 있다는 걸 알아라

그 얼마나 매정했던가
뽀오얀 속살 시절!
늘, 제자리만 맴돌다가
부질없이 흘려버린 시간들
동아줄로 꽁꽁 묶어

기억의 저편
어느 황혼 언저리에서
나지막이 엎드린 채
쓸쓸함으로 다독다독 쓰다듬다가
고독한 꿈이라도 되어
깊이깊이 잠들어간 줄 알아라

동지섣달 눈 수북이 쌓인
텃밭 모퉁이에
신줏단지보다 더 귀하게
고이고이 모셔 두었던 것들
마지막 그리움으로 꺼내려다가
이제는 그 향기에 취해
녹초가 되었음에
어찌어찌 사라져 간 줄 알아라

기억의 저편에 서서….

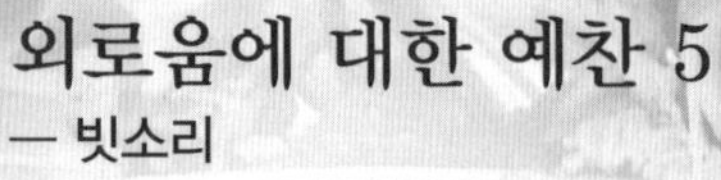

외로움에 대한 예찬 5
— 빗소리

커피 향기에 기대어
차 안에 비스듬히 누워 있다
굵은 빗줄기는 심술 난 듯
차창을 무수히 때리고
때마침 흘러나오는
멜랑콜리(Melancholy)하고도 운명적인
베토벤 교향곡 5번의 환희가
거칠은 사운드와 교잡을 시도한다
교활하면서도 성스럽기까지 한
잘 어울린 환상적 오케스트라다
문득, 고독이라는 놈은
왜 하필 이러할 때
온통 까만색으로 칠한 채 나타나는지
그리움은 어찌하여 하얀색인지
상념이 꼬리에 꼬리를 물때
천둥소리에 놀란 오케스트라는
더욱 깊어진 빗소리를 헤집듯 폭발하고는
마지막 4악장의 종말을 고한다

외로움에 대한 예찬 6
— 위로(慰勞)

가끔은
모든 것 다 접어두고
아무 이유도
목적지도 없이
무심(無心) 하나로
홀로 떠나고 싶을 때 있지
방황인지
여행인지 모를
그 어딘가를 서성이다가
우연히 발길 머무는
그 어느 곳에서
전혀 뜻하지 않음이
진심으로 반겨 줄 때
사실, 꼭 듣고 싶은
그 말 한마디

너 많이 힘들구나

외로움에 대한 예찬 7

— 벚꽃 떨어질 때

벚꽃 질 때면
내면 깊숙이 자리 잡은
아련한 그리움 찾아오지
강가 뚝방의 벚꽃들
앞 다투어 화사하게 피어날 때
스치듯 우연이라 하기에
밀쳐내기보다는
실오라기 하나 걸치지 않은
빈 마음으로 받아들였지
봄비 추적추적 내리고
벚꽃들 바람에 무수히 뒹굴 즈음
바램은 한낱 빗물 되어 흘러가고
따스한 미소마저 유유히 사라질 때
아쉬움은 어느덧 스스로
한 발짝 뒤에 물러 서 있었지
떨어진 벚꽃만 한없이 세는
못난 생각이 도돌이 되어 맴돌 때면
안개 드리우는 강변 너머로
대수롭지 않은 척 멍한 눈빛만
생뚱맞게 날려 보냈어

외로움에 대한 예찬 8
— 달팽이

달팽이 걷는 소리에
문득
새벽잠이 깼다
빗소리인 줄만 알았는데
어둠의 모퉁이에서
유랑 보따리 둘러맨
아쉬움 머리에 인 채
희뿌연 골목길 너머
정처 없는 느린 발걸음
되돌아가야 할
틀림없이 되돌아가는
길인데
아득히 멀게 온 날들
남은 그 끝 또한
아무도 모를 일
너도….
나 또한….

외로움에 대한 예찬 9
— 새벽 강가

고요한 어둠 사이로
수많은 별들
초롱초롱 강물 속으로
빠져든다
저 홀로 깨어나
새벽안개 너머로
까만 조약돌 하나
슬며시 던져 본다
이슬 머금은 갈대숲
흠칫 놀란 듯
무심(無心) 하나 후두둑
선심인 양 되돌려 준다
퍼져가던 은파
되레 부끄러웠을까
훠이훠이 달아나다가
물속 별빛에 걸려
그만 털썩 주저앉고 만다

외로움에 대한 예찬 10
— 호롱불

흐릿함 속에 어린
뭉클했던 의지가
빛 조금 밝히고 보니
매캐한 연기 속에 감춰진
나약함으로 이내 새어 나온다
그 끝 어딘지 알고 있음에
스스로 잊고 사는 것도
여태, 나름의 방법
흔들릴지언정 꺼지지 않는
청량한 여정(旅程)이라고
자부했건만
혓바닥 사이로 삐져나오는
숨결 한 점에도 가슴 조아려야 할
미지(未知)의 등불 앞에선
그저, 병든 수탉일 수밖에
뜨락 처마 끝으로 숨어든 잡새들
문풍지 틈새로 새는 미풍에도
잠 못 들어야 할 이유
이제는 알 것 같기도 하구나

그리고 난 뒤

그리고 난 뒤 난,
지금 당장이라도 이 대지에다
뜨거운 입맞춤을
해 두어야 할 것 같다

그 어느 젊은 시절,
학교 앞 골목길의 허름한 주막집에서
이 순간이 삶의 전부일 거라는
망상과 함께
청춘이라는 굴레와 방황으로
결론 없는 논쟁으로
언성 높인 적 있었지만
딱히 머문 적도 달려본 적도 없는 양
그러한 시절이 휙 스치듯 지나간
지금에 와서
그토록 시리고 차디차던 이 대지가
이리도 편안한 안식처가 될 거라는 사실이
뼛속으로 알알이 박힐 즈음
이미 오래전부터 동력을 잃어버린
천연 자동차는
제 속도조차 내지도 못한 채
밀리듯 어설프게 달려왔고

마지막 휴게소에서
지친 영혼 달래보려 하지만
뛰어내릴 용기와 기회조차 없어진
한심스럽기 짝이 없는
작금으로 이어져 왔음에
스스로 몸을 길게 늘어트린 채
올려다본 늦가을
높은 하늘의 차디찬 바람은
왜 이리도 스산하게 스며드는지
초저녁 밤하늘에
수없이 반짝이는 별들이
왜 이토록 슬퍼 보여야 하는지

시간이란,
애초부터 존재하지 않는
무미건조한 인간들만의 숫자임에
이른 아침,
나뭇잎 끄트머리에 수없이 매달린
대롱대롱 이슬 같은 것
뚝뚝 떨어져 가기보다는
먼지처럼 휘날리다가
존재하지 않는 양 사라지는 것도

어쩌면 곱씹을수록
즐거울지도 모를 일임에

그리고 난 뒤, 자신도 모르게
길들여진 것들
하나둘씩 버려지다 보면
새삼스럽게 아릿하게 다가오는
이것!
코끝 찡하게 느끼는
이것!

허공(虛空)

혹시나 돌연,
그럴 기회조차 잃어버릴까 봐
나름의 인연들과
인사조차 못 하고 돌아설까 봐
지금이라도 늦기 전에
이 대지에다 난, 뜨거운 입맞춤으로
미리 안녕을 해 두어야겠다

당신

마음씨
참!
아름다운 사람이었어
그런 생각이 들어
어느 세월
무던히도 부딪히고
싸우기도 했지만
돌이켜 보니
그 누구보다 더
따뜻한 사람이었어
그랬던 것 같아
참으로 기나긴
세월!
흘려보내고 난
지금에 와서 느끼는
……
당신

싸릿문

담장도 문도 아닌 것이
훤히 들여다보이는
긋다 만 경계선 하나
어린 새악시 수줍음에
여태 싸릿문 뒤에서 숨죽일 터
그 세월 스스로 지쳐서
볼품없이 변해 무너져 가고
세상사 다 공수래공수거(空手來空手去)
훨훨 날아가 버린 지금
행여 되돌아올 리 만무한데
혹여, 중천에 머물다가
산자처럼 걸어 나올까 싶은
바램도 있었겠지만
긋다 만 그 경계선은
머언 훗날의 약속인 양
썩어가고 흐릿해진 지 오래
들여다보면 볼수록 무의미한
공(空)만 가득한 싸릿문

썩은 나무

바람 겹겹이 맴도는
오솔길 끝에
저 홀로 서 있는 나무
봄 내음 솔솔 풍기는
잎새 기다렸건만
아지랑이 아른거릴 적
길 떠나간 님
마냥 기다렸건만
산새들 입 꾹 다물고
소소리 바람조차 외면할 적에
부처 같은 순간의 깨달음
잊혀져 가고
기억마저 삐거덕거리다가
환청처럼 들리는
제풀에 지친 묵언의 소리
텅 비고 썩어가는 소리

뚝… 뚝… 뚝

엄동설한(嚴冬雪寒)

감각 없는 볼탱이
콧수염에
고드름 두 줄 매달려
공사판 드럼통 주워다가
장작불 피어놓고
불 쬐는 목장갑조차
늙고 늙어

목구멍에 풀칠
이리도 어려울까마는
아! 입춘에
봄동 파릇한 흙냄새
마냥 그리운데

정처 없이 떠도는 이내 삶
꽁꽁 엄동설한 일진데
따뜻한 차 한 잔의 인심이
이리도 더 매섭도다

일상 속의 착각

하루 앞에 서 있노라면
이런저런 우연들 스쳐 가고
웃다가 울다가 잊혀져 가는
그저 그렇고 그런 일상 속에서
기억이란 게 참으로 묘하지
오늘에 목매여 미련 떨다가
내일이라는 또 다른 오늘 다가오면
어제는 언젠가 있었던 것 같은
머언 영상 속에서 나부끼니
갈수록 희미해지는 착각 속에서
아무 일 없었던 양 치부되어 버리고
애써 손 내밀지 않아도 될
때로는 저절로 외면되는 시간들이
어쩌다 회상되면 그것을
추억이라는 이름으로 위장하고는
스스로를 위로하면서
두근두근 또 내일을 기다리게 됨은
아직은 만나지 못한 착각이 있기 때문

정(情)

무뚝뚝한 경상도 머슴아
가슴을 가슴이라고
말할 순 있어도
그것이 사랑이라고는
죽어도 말 못 하겠네
외로움인지 그리움인지
때로는 구별 못 해도
봄 햇살에 잔설 녹듯
질펀하게 다가오는
그 무엇 있으리니
굳이 표현하고
목놓아 부르짖는 짓은
더더욱 못하겠네
아지랑이 피어올라
두 맘 찡하게 마주치는 날
냉 · 온탕 오가다 느끼는
그 어떤 것 있으려니
그것이 바로 정이라 하기에
이것만은 여기에 남기고 떠나겠네

초승달

초저녁에 그가
굴참나무가지 뒤에 숨어서
지그시 지켜보고 있었다는 사실을
여태 난, 모르고 살아왔다
가끔 내미는 얼굴
참으로 창백하다 여겼지만
별 따라 흘러가는 것이
강물도 아닌 것이
산 뿌리 끝에 매달린 것이
구름도 아닌 것이
꾸역꾸역 이어가는 현실임을
여태 난. 모르고 살아왔다
사그라짐으로 동반자라 여겼건만
하루라는 삶에 친구라 여겼건만
그가 불멸의 신이란 걸
여태, 나만 모르고 살아왔다

그 자리
— 빈 사찰

목탁 소리 사라진 이곳엔
저마다의 허기진 이야기들과
채워도 채워지지 않을
깨진 빈 항아리들만 즐비하다
늘 그 자리에 있어야 할 것들은
켜켜이 쌓은 수행 버린 채
중천으로 떠나갔는데
주인 잃은 자아(自我)는
어찌하여 저 홀로 있을까마는
말라빠진 폐허도 묵묵부답이요
여기 서 있는 중생 또한 쭉정이거늘
쉰내 풍기는 뾰얀 날들은
어찌하여 제 갈 길 가지 않는고

산그늘도 꼬부랑 되어 지팡이 짚고
늘 있어야 할 그 자리도
이미 머언 과거로 가고 없는데

기차표

내세(來世)행 기차를 타야 하는데

그 언젠가 부터
기차를 타려 했지만
기차표 사는 법을 몰라서
길게 이어진 철길 지나
승강장으로 들어온 기차를
무심히 보내고 말았습니다
그게 언제인지 기억나진 않지만
기차표 사는 법을 몰라서
역전만 서성이다가
빨리 타라는 역무원의 외침이
그저 노랫소리로만 들려서
기차를 또 놓치고 말았습니다
이번에는 정말로
내세행 기차를 타야 하기에
물어물어 기차표를 샀건만
오라는 기차는 오지 않고
머언 기찻길 따라온 아지랑이만
텅 빈 벤치에서 아른거리고 있답니다

방랑객

멀건 하늘에
선을 그어 봐라
동서남북이 있다고?
쓸데없는 짓
빛 오가고
바람만 떠도는
그저 허공(虛空)일 뿐인데
시작도 끝도 없고
멈춰야 할
그곳 어딘지 몰라
길을 잃고 헤매이다가
육체 뉘일곳 어디?
방랑객 삶이란 게
다 그러한 것이려니
에라 모르겠다
오늘도 또,
역전 의자 신세로구나

산 정상

더 이상
갈 곳이 없다
죽을힘을 다해
올라왔건만
발밑엔 끝없는 안개바다
공허함만 흩날리는
이곳엔
파란 하늘과
떠다니는 뭉게구름에
거칠 것 없는 매서운 바람
무엇을 위해
여기까지 왔는지
모를 일이지만
이제 남은 거라곤
풀린 다리와
종착(終着)으로 가는
어둑어둑 발길에 차이는
여로(旅路)… 뿐

철학의 길*

철학의 길이라 하기에
수로 따라 한없이 걸어보네
길섶 만발한 벚꽃들이
순백의 아름다움 자랑함에
눈 호강스러워
눈물 가득 고이겠지만
고된 세상의 배낭을 멘
떠돌이 가슴속에는
무상무념(無想無念)만이 더하네
오래전 육체 떠난 영혼
호젓이 흐르는 물소리 탓인가
오늘따라 왜 이리도
살갑게 다가오려 하는지
삼라만상(參羅萬像) 품은 듯한
이 길 걷고 있노라니
개똥철학이라도 논할 것만 같구나

*철학의 길 : 일본 교토 긴카쿠지앞에서 난젠지까지의 수로 옆길.

웃음

웃음이 길 걷다가
그리운 이와 마주친다
어쩌다 스친 인연이었건만
웃음은 그저 환한
눈웃음 짓는다
거리낌 없는 그 웃음은
'여긴 우짠 일이고?' 를
연발하면서도
그 언제였던가 아픈 사연
아직 잊지 못한 듯
하얀 이빨속에 감추어진
되새김 들이대다가도
다시 웃고 또 웃기만 한다
뒤돌아서는 뒤통수에도
커다란 두 눈 달려
씁쓸한 눈물 가득 고인 채
함박웃음만 짓는다

인연

우연인 듯 스치고선
언제 그랬냐는 듯
시간 속으로 사라져 버리는
허(虛)인 것
어느 시공(時空)에서 머물다
뜻하지 않은 길목에서
제각기 흩어지고 바람 되는 것
악을 쓰면서 버티어 본들
아주 잠시 질긴 끈으로 이어놓은
현실 속에 갇힌 관일 뿐
사랑, 정, 미련 그리고 이별
모두가 사라져야 할 한통속임에
만질 수도 쌓을 수도 없는
무상(無常)인 것
그림자처럼 달고 다니다가
홀연히 버리고 말
빈 마음의 백팔번뇌(百八煩惱)
혹, 윤회라도 있다면
회자될 머언 옛날이야기인 것

정오의 풍경

중복 지난 칠월
정오
무거운 육체
길게 내려놓을 적
정적마저 돌아눕는
무료한 시간
등줄기 파고드는 땀
식을 줄 몰라
무성한 감나무 가지 사이
드나들던 잡새들
미동도 없고
처마 밑돌아 나오던 미풍도
뜨락에서 졸다가
머리 위 머문 새털구름과
저만치 머언 고요만
멍하니 바라보고 있더라

어느 시인에게

시인님의 시를 감상하면서,

시어 하나하나마다
시인님의 느낌과 냄새에 대하여
몇 날 며칠이라도 밤새 함께하고픈
충동으로 다가옵니다
유년 시절부터 지금까지
느끼지 못하고 깨닫지 못한 사이에
자신을 고이 품어 주었던
자연이라는 자궁 속을
세밀한 깊이로 들여다보지 못한
자신을 나무라는 듯한 부드러운 언어들
까만 밤이 하얗게 변하고
벌건 대낮이 또다시 까맣게 다가오는
하루하루가
왜 피곤 대신 새삼스러운 건지
어렵지 않은 시어 속에서
작은 뇌 속을 저마다 자유롭게 돌아다니는
깊은 그 여운들
시인님의 향기가
왜 이리도 오래도록 남아 있는지
정녕 알 길이 없습니다.

살아있다는 사실을 일깨워 주신
시인님은
아직 한 번도 뵌 적 없지만
돌연, 어떤 분일까 몹시도 궁금했지만
장무상망(長毋相忘)이라 했던가요
오래도록 잊지 못할 시였음에
보내주신 따뜻함을 통해
상상으로만 시인님 모습 그려 봅니다

행복하여라

파란 하늘에 뭉게구름
전혀 부럽지 않을
오늘이 있어 행복하여라
숨 뛰고 헐떡일 수 있는
이 땅에서도 너무 감격스러움에
설령, 이내 삶 아닌
타인으로 살아 있을지라도
푸른 숲 넓은 들판
아! 이 기쁨 이 아름다움에
너무너무 고마운 일이어라
설령, 늦가을의 곁가지 끝에 걸려
위태위태하여도 좋아라
도돌이로 윤회 되든 아니 되든
그것은 다음 생애가 알아서 할 일
잊지 않고 찾아주는 오늘에게
뼈마디 으스러지도록
안아줄 일임에
그저 감사하고 행복할 뿐이더라

제3부

아름다운 것들

이토록 청명한 날에

이토록 아름다운 햇살
흩날리는 날에는
이유 없이 타락하고 싶다
높은 구름 사이로
눈동자 싱숭생숭
날아다니고
막걸리 몇 잔에 기대어
마냥 비틀거리고 싶어질 때
딱 한 번만의 기도로
신이 용서해 줄 만큼만
추태도 부리고 싶다
저 홀로 가버린 청춘에게
비웃듯 행패 부려보는
바람이고 싶다

물안개

물안개
스멀스멀 피어오르기에
님 오시려나 했습니다
산모퉁이 돌고 돌아
빼꼼히 내밀어 오는
그리움 만지작거리기에
아! 님께서도
눈부시도록 새하얗게 피어나는
어느 뒤안길에서
갓 새악시 되어 설레이는 맘으로
여태 기다리셨나 싶었습니다
조바심에 오색 향기들
한 아름 꺾어 들고
한걸음에 산상(山上) 올라갔건만
님은 보이지 않고
제각기 흩어진 나날들만
물안개 틈새로
뿌옇게 피어오르고 있었습니다

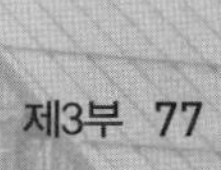

단풍나무길

안개비 날리고
진홍빛 단풍나무 줄 지운
이 길 서성일 적에
무수히 퇴색되고 떨어진 낙엽
그게 사랑이라면 좋겠다
우산속 파고드는
웃음기 비운 찬바람이
따뜻한 가슴 찾아드는 빈 마음
그게 사랑이라면 더욱 좋겠다
안경 너머로 흘러내리는
이유 없이 뇌 속 비집는 빗물
그게 사랑이라면 더더욱 좋겠다
홀로 걷는 스산함에
이내 맘 축축이 적시는 넋두리
설령, 설익은 것일지라도
이 가을에 아직 물들지 못한 풋풋함
그게 사랑이라면 너무너무 좋겠다

모래
— 부안 적벽강에서

그 얼마나 오랜 세월
패배하면서 살아왔던가
그토록 단단했던 삶
풍파에 버티고 버티다가
쪼개지고 또 쪼개져
휑하니 변한 삶
산다는 게 다 그러하거늘
제각기 흩어져 홀로되고
밀치고 밀려 다다른
거칠고 모진 외딴곳에서
마주하고 둘러앉아
저마다 넋두리 늘어놓지만
그저, 동병상련(同病相憐)일 뿐
바라고 또 바라건대
저승만은 이승 아니었으면 하는
꿈… 꿈… 꿈

산막길 숲 걷다가

산막길 숲 걷다가
그림자를 잃어버렸다
늘 함께했건만
혼돈의 세월 속에서
무던히 견뎌준 그
혹시나 앞서간 것 아닐까
뒤처진 것일까
울퉁불퉁 좁은 길 헤매이다가
왈칵 토해내고 만 부끄러움
바람처럼 구름처럼
살라 했거늘
잠시 한눈판 죄
끝없는 느림 찾으려 한 죄
혹, 나를 잊었나 싶어서
눈물 아니 흘리려
나조차 숲속에 두고 나왔다

새벽이 여는 소리

어둠이 삼켜버린 새벽 끝에서
낡은 유리창 사이에 두고
거리엔 계절을 망각한
겨울비 선잠 깨운다
눈 떠 보지만 비몽사몽 육체는
창가에 부딪히는
달콤하고도 우아한 샹송에 묻혀
꿈쩍도 않는다
천장엔 까맣게 착상되어 가는
무심(無心)들과
진공 속에 갇힌 거대한 무아(無我)
태곳적 어느 부족의 의식처럼
심장 꺼내어질 때
시간마저 멈추어 버린 듯
겨울비 가슴으로 퍼지는 음파 되어
이 새벽을 울리고 있다

소설(小雪)

마당 가 감나무 가지에
서녘 햇살
홍시인 양 대롱대롱
매달릴 즈음
굴참나무 숲 사이로
숨어들어온 찬바람
참으로 매정하기도 하지
텃밭엔 무며 배추
아직도 덜덜 떨고 있는데
아서라, 서릿발
갓 농부의 깊은 한숨
애처롭지도 아니하냐
그토록 심술에
진드기인 양 달라붙어 본들
마음 시린 연인들
가슴 맞댄
포옹밖에 더하겠냐

영산홍

봇짐 둘러메고
길 나선 찬바람
산모퉁이 되돌아갈 때
뒤 담장 따라
영산홍 줄지어 피고
허리 굽으신 엄니
어쩌면 이토록 이쁘냐고
쪼그리고 앉아서
고무신 벗어 던지고선
따뜻한 봄 햇살로
곱디고운
분홍색 연지 곤지
찍고 계신다

의자 위 막걸리 한 병

함박눈 쌓인
동지섣달 공원 의자 위에
누군가 먹다 남기고 간
막걸리병 하나
마저 마시지 못한 것이
두고 간 마음일 수 있겠지만
아마도 치킨 두어 마리에
달달한 가족 그리웠을 테고
찾아온 병마, 명퇴, 채무의 현실이
더 춥게 다가왔을 터
바닥에 버려진 새우깡처럼
제각기 부서져 버려진 세월과
먹어도 먹어도 취하지 않을
존재의 의미 곱씹으면서
지나간 삶에 대하여
땅을 치며 후회했을지도 모를 일
우라질…
우라질 세상… 하면서

개화(開花)

아리랑이 아른대는
춘삼월 양지바른 곳에서
열병 앓아누운 그대
무얼 그리도
주저하고 있는지
성숙해진 그대 육체
첫사랑의 설레움 가득한데
보슬보슬 봄비
그대 가슴 드나드는 날
그대는 그저,
겨우내 빗장 슬며시
거두어 내고는
소소한 척 헛기침 몇 번
해주면 되지
마른 입술 물 한 모금에
빨간 립스틱 촉촉이 바르고
실눈이나 살포시 떠주면 되지

코스모스

이 계절에
마음 싱숭생숭하거든
소소한 바람에도 흔들리는
코스모스 때문인줄 알아라
고추잠자리 때 춤출 때
치맛자락 살랑살랑 나부끼고
님 따라 온 그리움
파란 하늘에 흐느낄 때
심장마저 어찌할 바 모르겠거든
두 눈 꼭 감고
빨주노초파남보 외쳐 보거라
이 가을 코스모스길 따라서
사랑 찾아 왔을 테니까

폐허

그 언제였을 흔적들이
한낱 와송되어
저 홀로 햇볕을 쬐고 있다
얼핏, 눈 돌리니
바람으로 다가온 적막함
폐허 속에 묻히고만
허(虛)한 빈 마음
어느 스님의 목탁 소리였을까
깨지고 흩어진 나날이
붓다의 깨달음들로 수북하다
이토록 저절로 목메어 오는 건
다가서다가 만
지지리도 못난 현세 탓일까?
풀벌레조차 찾다 돌아설
이 씁쓸함이
머언 훗날의 이내 거울인 양
무심(無心)으로 빽빽하다

타코야끼* 굽는 아가씨

도톤보리* 거리가
휘황찬란한 불빛 밝힌다
수많은 인파 속에
마주칠 인연 있을까마는
길을 걷다가 우연히 발견한
타코야끼 포장마차 집
자그맣고 앳된 아가씨가
삶에 찌들어 지친 듯
퉁퉁 부어 있다
마주친 눈길
죄인인 양 얼른 피하고선
500엔을 내밀었지만
타꼬야끼는 주지 않고
케케묵은 애환들만
한 봉지 가득 담아 주더라

* 도톤보리 : 일본 오사카부 오사카 중심가 맛집 거리.
* 타코야끼 : 잘게 다진 문어가 들어간 빵(호두과자와 비슷)으로 일본의 대표적 음식.

신창풍차해안에서
— 제주도

에메랄드빛 수평선 건너온
차디찬 바람이
오들오들 떨고 있기에
육지랍시고 주저앉혀 본다
아직은 이르다고
너무도 철없는 짓이라고
나무라긴 했지만
따뜻한 카푸치노 한잔에
몸이나 녹이라고 했다
봄 아니냐고
에둘러 물어 오길래
풍차 바위틈 사이엔 아직도
북풍 파도가 숨죽이고 있노라고
한라산 계곡 구석진 잔설도
숨어서 엿보고 있노라고
귀띔해 주려 했지만
듣는 둥 마는 둥 우수(雨水)는
머나먼 육지를 향해
기어코 길 재촉하고 만다

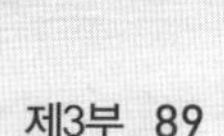

장미꽃

장미꽃 같은
그런 사랑이었으면 좋겠다
봇물 터지듯
화려하게 피어나서
붉은 정열로 태우다가
괜시리 시들시들하기보다는
불현듯 찾아온 폭풍우에
바람 불어 후두둑
떨어져 갔으면 좋겠다
밋밋하기보다는
서슬 퍼런 가시에 찔려
가슴 퍽퍽 치면서
아파할지라도
그러한 사랑 어디 있을려나
진정코, 머언 훗날에는
심장 터지는 설레움이라면 좋겠다

적벽강*에서

술 몇 잔에 취한
나그네야!
이 풍광을 둔 채
어이 발길 돌리려 하는고
길게 늘어진
저 석양 속으로
바다 갈매기들
꺼이꺼이 숨어들고
뒤처질까
이내 좇아온 달빛
후박나무숲 사이 지나
맑디맑은 물속에서 노니나니
허허! 수성당 해신 할미
이 황홀한 아름다움
여태, 저 홀로 즐겼구려

* 적벽강 : 전라북도 부안군 변산면
격포리에 있는 경승지.

천지연폭포*

그랴….
여기까지 흘러 왔으니
어찌 악착스럽지 아니했으랴
아무렴….
까마득한 낭떠러지에
저 홀로 서고 보니
부딪치고 깨지고
상처투성이의 날들
그토록 새삼스럽게
주마등인 양 스쳐 지나감에
기억 저편에 남아 있을
조금은 후회스럽고 서운함
어찌 없으리오만
살아온 나날 참으로 별거 없을 터
어둑어둑해진 해변가
하얗게 부서지는 포말 같구나

*천지연폭포 : 제주특별자치도 서귀포시 서귀동에 있는 폭포.

청령포
— 단종 유배지

첩첩 포개진 산새 돌아
물안개 또아리 틀 때
이 음침한 기운
설마, 한(恨)일까마는
육육봉 절벽 꼭대기에
무서리 걸려 있고
한발 뒤따라온 잠자리떼
빈 마당에서 조아리고 있음은
햇살조차 들지 못할
관음송 사이 지나
비운의 어소(御所) 한구석에서
가을볕 여리게 흐느끼는
오열 아닌가 싶더라

하루의 끝에서 1
— 낙조(궁평에서)

해송 숲속 저 너머
검붉은 노을
어스레한 하루가
수평선에 길게 누웠다
고달픈 삶에 지치고 나면
저토록 황홀해질까
허기진 가슴 품으면
저토록 환희에 찰까
반쯤 감은 그윽한 눈빛
넋 놓고 바라보다가
게으른 탓에
끝내 마무리 못 한 하루
툭툭 건드리고 나면
더더욱 달아날 것만 같아서
한심스럽게도
머언 무인도에 걸친 미련만
애써 구걸하고 있다

하루의 끝에서 2
— 늦가을

서릿발 하이얀 이른 들녘
물끄러미 바라볼 때
듬성듬성 비어가는 논밭 사이엔
차마 발길 돌리지 못하고
고개 푹 숙인 이 있답니다
벼 벤 포기 사이사이의 파란 새싹
봄인 줄 파르르 떨고 있을 적
산 뿌리 끝 돌아 나오는
하루가 다른 매서운 찬바람 앞에
장승인 양 길목에 서서
아직도 망설이는 이 있답니다
누렇게 퇴색된 아쉬움에
혹여, 다시 돌아오지 못할까
까맣게 탄 가슴 두드리면서 그저
뿌연 손사래만 치고 있답니다
쌓인 미련들 너무 많아
서러운 맘 여태 여미지 못해
텅 빈 들녘의 수호신이라도 될까
한없이 동녘만 바라보고 있답니다

하루의 끝에서 3
— 메콩강가에서(골든트라이앵글*)

굵은 비 스콜*이
세차게 내리는 강가
흙탕물에 휩싸인 빗방울은
괴성 지르며 울부짖을 때
오갈 데 없는 처마 밑 방랑자는
헤픈 전깃불 밝혀 주는
주인장 시선이 따갑기만 하다
창가에 어린
시름시름 앓아누운 주름살
뜬금없이 내 나이 묻는다
흠뻑 젖어 스산한 삶
외진 곳 혼자라는 사실 앞에
진한 어둠은 야박하게 비웃고
저 홀로 눈 뜬 이 적막함에
재촉해야 할 이내 발길
그 끝 어딘지 알 수 없구나

*골든트라이앵글 : 세계적 헤로인 생산지로, 미얀마 · 태국 · 라오스 3국의 접경지역 또는 아프가니스탄 · 파키스탄 · 이란 등 3국의 접경지대.
*스콜 : 열대 지방에서 거의 매일 오후에 강한 일사로 인한 대기의 상승 작용에 의하여 내리는 소나기.

하루의 끝에서 4
— 석양

고달팠던 하루 끝에서
언뜻 서녘 바라보니
산자락에 걸친
석양!
아쉬운 듯
얼굴 붉히고 있네
나지막한 뒷산 언저리엔
한 무리 산새 떼
제집인 양
상수리나무 찾아들고
가면 아니 올까
아쉽고 또 아쉬움에
짝사랑이라도 고백하려니
어스름 드리운 저녁
아서라!
괜한 짓이라며
눈치껏 핀잔만 주내

하루의 끝에서(5)
— 갈무리

허기진 17시 사이로
누렇게 변해가는 들판
서녘이 흘리고 간
어슴푸레한 황혼이
스멀스멀 뒤안길 되어
찾아들 때에
결코 다시 찾아오지 않을
이토록 아름다움과
도시 떠나고픈
같잖은 농부의 고달픈 현실이
제 것인 양 뒤엉키고 보니
갈무리는커녕
텃밭에 주저앉은 어둑어둑
달빛마저 부여잡을 줄
내 진정 몰랐더이다

수심(愁心)

미워할 수 없는 무엔가 있더라
어느 날, 어느 순간
사자(死者)로 버림받을 날 있겠지만
그러한 즈음,
숨어든 외로움 같은 것도 있더라
그냥 스쳐 지나가는
하루의 일과일 거라고 우겨 보자
오래전부터 뒤따라온
그 무언가에 차라리 모르는 척
딴짓하며 뒤돌아 서 있자
설령, 허무한 세월 거둔다면서
수심 가득 찾아오더라도
무엇 때문에 얼마만큼 인지는
절대로 묻지는 말자
차라리 함께 술 몇 잔에 취하다 보면
혹여, 몽롱하게 다가오는
또 다른 무엔가 있을지 누가 아는가

카페에서

클래식 음악 흐르는
잔잔한 카페안
잠시나마
정지되었던 시간이
창밖 비바람 소리에
화들짝 깬다
결코, 싫지만 않은
작고 아담한 이 공간
커피 향 그윽한
주인장의 눈가 주름살이
마치 미로인 듯
아름답기까지 하다
녹 쓸고
고장 났을 터인데
미지의 세계로 달려가는
일말의 씁쓸함이
동병상련으로 촘촘하다

새싹

아! 이런 것이었구나!
햇살이 그토록 사랑했을
산모의 고통 속에서
대지를 뚫는 희망
용케도 견디어 왔을
그리고
눈물… 눈물… 눈물
간절한 바램
욕정으로 엉겨 붙은 순수한
연녹색 향연
쾌락의 사정과
절정의 사경 헤매이면서 흘린
흥건한 땀… 땀… 땀
쉰 목소리로 부르짖었을
이 환희와 기쁨
그토록 찾아 나섰던 게
아! 바로 이런 것이었구나!

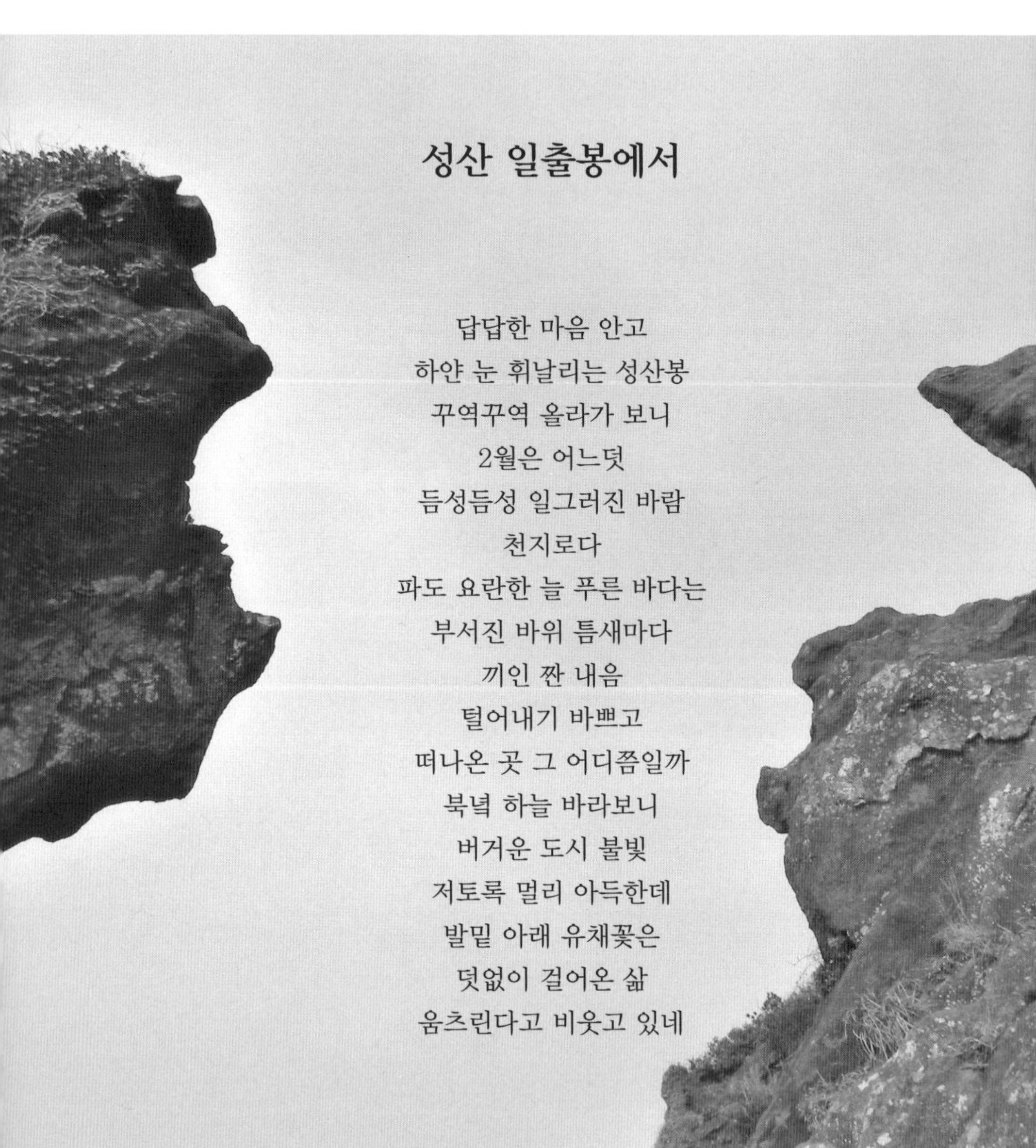

성산 일출봉에서

답답한 마음 안고
하얀 눈 휘날리는 성산봉
꾸역꾸역 올라가 보니
2월은 어느덧
듬성듬성 일그러진 바람
천지로다
파도 요란한 늘 푸른 바다는
부서진 바위 틈새마다
끼인 짠 내음
털어내기 바쁘고
떠나온 곳 그 어디쯤일까
북녘 하늘 바라보니
버거운 도시 불빛
저토록 멀리 아득한데
발밑 아래 유채꽃은
덧없이 걸어온 삶
움츠린다고 비웃고 있네

제4부

내세의 길목에서

흔적을 찾아서 1
— 마른 장작

굳이 힘들이지 않아도
쩌억 갈라지는 장작
너덜너덜한 게
늙은 엄니의 등짝이다
살점도 핏기도 없고
온기마저 없는 게
싸늘히 식어간 심장이다
아궁이 속 군불 되어
연거푸 불똥 튀겨 보지만
밤새 한숨만 짓는
건넌방 아들의 귓전에는
이리저리 돌아 뉘시는
엄니의
뼈마디 부딪치는 소리에만
민감할 뿐이다

흔적을 찾아서 2
— 덕수궁 돌담길

덕수궁 돌담길에
추적추적 비가 내린다
검은 우산 속에서 이루다 만
머언 뒤안길의 깨알들이
걸음걸이마다 툭툭 차이는데
지금쯤 그 어디 메서
조금씩 잊혀져 가고 있을지
여물마냥 되새김질하고 있건만
따지고 보면 서로를 위로하며
등 다독여 줄 오열(嗚咽)들뿐….
돌담길 가로수처럼 무성해진 시간은
카푸치노 향기에 취해
카페에서 흐르는 샹송 속으로
은은히 스며들고
립스틱처럼 촉촉이 젖어오는
홀로 걷는 이 길이
혼자 아닌 듯 꼭 외롭지 아니함은
돌담 하나하나에 아로새겨놓은
나름의 청춘이 있었기 때문

흔적을 찾아서 3
— 낡은 나무 의자

마당가 낡은 나무 의자 하나
잊고 있었던 그 언젠가
떼쓰는 어린 아들 성화 못 이겨
깎고 다듬고 못질해 주신
아득한 아버지의 손길
빛바랜 채 삐거덕거리다가
앉기에도 민망하게 뒤틀려 버린
지금은
그래도 의자일 것이라는
변명 같지 않은 이유와 항변으로
정성 들여 고치고 칠할 때에는
그 손길이라도 느끼고 싶었을 것
흐르는 것이 꼭 세월뿐만 아니기에
시간과 공간 속에 갇혀
존재하는 모든 것들이 다 그러하듯
적당히 썩어가고 사라져 가는
그대로를 즐기고 싶었을
머지않은 훗날 나의 자화상

흔적을 찾아서 4
— 빛바랜 벽지

책 읽거나 사색할 때 기대는
사각 벽 한구석
언제부턴가 그 자리가
가장 편한 명당자리 되고
문득 스치는 어릴 적 기억
아버지께서는 일과 후에 늘
누렇게 변한 유독 그 자리에서만
비스듬히 기댄 채
짙은 담배 연기 길게 내뿜으셨고
알아들을 수 없는 푸념 속엔
자조 섞인 헛웃음이 가득하였음에
언젠가는 알게 될 거라는
왠지 구슬프고 긴 여운 지금도 생생한데
오뉴월 무더위에 지쳐가던 날
사자(死者)의 소리인 양
멀리 있는 딸의 톡 "아빠 힘내세요^^"
화들짝 놀라 뒤돌아보니
벽화인 줄 알았던 그 아들의 벽지 또한
장마철의 칙칙함 더하여
어느덧 낡고 누렇게 빛바래 있었다

흔적을 찾아서 5
— 낡은 구두

처음부터 꼭
마음 잘 맞는 건 아니었어
몇 번이고 벗어 던지면서 투덜거렸고
때론, 못 본 척 처박아 두었어
그러다, 눈보라 치던 겨울 어느 날
발목까지 빠지던 눈길에서
넌 결코, 싫은 내색도 없이
묵묵히 집까지 바래다주었어
정작 넌, 다 젖고 꽁꽁 언 채로
좀 작고 못생겼다고 업신여기던 난
사실은 늘, 마음 아팠어
낡고 늙어감이 동병상련이겠지만
그렇게 세월 흐르고 보니
여태 함께해온 이제는
내 삶의 둘도 없는 동반자인 걸
언젠가는 이별해야 할 날 있겠지만
혹시나 그냥 넘어갈까 봐
그래서 꼭 하고픈 말 이 한마디
정말 미안하고… 고마워

흔적을 찾아서 6
— 쉼터

많이 지쳤습니다
머나먼 길
쉼 없이 달려온 까닭입니다
여유로운 마음으로
편히 쉴 수 있다 하기에
신심(信心) 하나 믿고
쉴 곳 찾아서
어렵게 여기까지 왔습니다만
돌이켜 보면 실망스럽고
온통 쨍쨍 불볕뿐이기에
피할 여유는커녕
뒤돌아보지도 못했습니다
피곤한 육체 뉘일
판타지는 그 어디쯤일지
깊은 잠 절실하기에
방랑자 쉼터
애타게 찾고 있답니다

흔적을 찾아서 7
― 낡은 상석(床石)

아무 일 없었던 듯
제자리로 가는 중이겠지
허상의 향기에 취해
불나방처럼 활활
타오른 적 있었겠지만
영원한 세간(世間)은
꿈엔들 있으리오만
어느 한때 홍동백서(紅東白西)에
어동육서(魚東肉西) 차려주고
술잔 올리는 호사도 있었겠지만
그 시대도 그대처럼
수목에 봉분 무너지듯 사라지고
풍파에 상석마저 낡아
존재한 적 없었던 양 흔적만 남은
거짓만이 떠돌아다녀야 할
태초의 모습으로 돌아가는 중이겠지

누구라도 다….

흔적을 찾아서 8
— 반환점

반환점 돌고 돌아서
흩어진 삶들
주섬주섬 모아 보지만
언제쯤 밀알 되고
거름 될는지
태풍에 치는 파도
무던히 견디고 나면
모난 돌
둥글둥글해진다지만
깎아도 깎을 수 없는
이내 삶은
그저 그렇게 낡아만 가고
눈 감고 귀 닫아버린
무심(無心)
속 시원한 대답은커녕
아득한 질문만 더 던지네

흔적을 찾아서 9
— 오래전 인연 찾아

마지막이란, 소중한 것

낡은 오래전 인연 찾아서
비포장길 달리는 버스에 올랐습니다
차디찬 하늬바람 부는 샛강 지나
더 넓은 갈대숲 헤매는 물고기와 같이
이름 없이 떠돌아다녔고
뽀얀 먼지 뒤집어쓰면서
어쩌다 한두 사람 스치는
인적조차 뜸한 한적한 어느 곳에서
저 홀로 책임질 수밖에 없는
느림의 미학 찾아
고독하고도 외롭게 살던
그 아무리 허(虛)하더라도
미친 사람처럼 너털웃음 짓고마는
진솔한 인연이었건만
이제는 너무 낡아 너덜너덜해진
기억조차 다 내려놓고선
아주 멀리 떠나야 한다기에
이토록 먼 길 달리고 있답니다

흔적을 찾아서 10
— 매형 떠나시던 날

꽃망울 터트리기 좋은
춘삼월 초!
청천벽력 소식에 달리는 차 창 너머로
그 어느 때 병원에서 만났던
초췌한 모습 아련거리고
어쩌면 인연 여기까지일 거라는
예감 아닌 예감이
참으로 야속한 현실이 되었구려
말도 많은 이승이건만
낡고 찌든 것들에 대하여
귀 막고 눈 돌리기가 그리도 어려웠소
소처럼 느리게 살다 보면
가보지 못할 곳 여럿 있겠지만
그게 뭐가 대수이겠소
켜켜이 이어진 긴긴 터널 지나다
힘들면 주저앉으면 그만인 것을
한순간의 몽롱함이
차라리 더 아름다웠을까마는
그대 편히 쉴 곳은
끝끝내 무릉도원뿐인가 보구려

흔적을 찾아서 11
— 낡은 시계

줄 끊어진 낡은 시계
오랫동안 함께한 터라
차마 버리기 아까워
주머니 속에 넣고 다녔다
언제부턴가 시간 또한
조금씩 느림보다
진정코,
붙잡고는 싶었지만
사약 받은 듯한
고통 버티기보다는
먹먹한 가슴 억누른 채
통보 없는 이별이
마음 한 켠에 싹을 튼다

간장독 속에 비친 자화상

처마 끝 모서리에 자리 잡은
옛날 간장독
더디게 온 봄 탓에
4월 되어서야 열어본 그 안엔
뉘신지도 모를 일그러진 형상이
가슴속으로 툭 튀어 들어간다
검은 망토를 쓴 아주 쾌쾌하고도
찡한 모습으로 다가오기에
너무 당황스러워 힘껏 밀치려 하는데
자세히 보니 거기엔
희미하게 퇴색된 자화상 하나가
바보 같은 놈 바보 같은 놈 하며
히죽거리고 서 있었다
아무리 봐도 바보 같은 놈이

방랑자의 허상

참으로 희한한 일이지
등짝에 봇짐 하나 둘러메고
고된 발길 속에서
늘 헛것 찾아 헤매고 있으니
돌이켜 보면 씁쓸하게도
그저 지나칠 허상
아웅다웅 모인
잠시 쌓아둔 먼지일 터인데

참으로 희한한 일이지
퀴퀴 묵은 세월 베개 삼아 누운
머언 이국땅 밤하늘에서도
뒤척이는 방랑자의 꿈과
그 끝 어디쯤 일지
새삼스럽고도 다 부질없을
수많은 번뇌들
다 방랑자만의 허상일 터인데

미지의 여행

얼마나 많은 호기심이었던가
별들이 밤하늘을 떠받쳐 줄 무렵
유성 하나가 청춘의 가슴에 떨어져
미지의 여행 시작되었고
거역하기 힘든 이끌림의 근원 찾아
그 끝 어딘지 모를 정글 숲속을
하염없이 헤매고 다녔지
배고픔도 잊은 기나긴 여행
돌이켜 보면 매 순간마다
긴장과 두려움의 연속이었고
서로 다른 목적끼리 부딪친 그 향기가
괜시리 찾아와 멋쩍어할 즈음
무서리 내린 까치밥은
왜 그리도 빨리 물들어가는지
처마 밑에 주저앉아 긴 한숨 내쉴 때
미지는 돌담길 휘감으며 사라지고
가지 끝에 매달린 연민인 양
또 다른 호기심으로 다가오겠지만
등 돌린 채 이제는 동지섣달 기다릴 때
두꺼운 외투 입고 장작 지펴야 할 때

빈 수레

편도로만 달리는 열차에
편승하지 않을 삶
그 누구 있으랴마는
스치듯 지나가고 멀어져 가는
창가의 풍경처럼
아름다울수록 더 빨리지는
그 무게 못 이겨
저절로 오금 저려옴에
하나씩 둘씩 내려놓게 되고
사라진다는 두려움보다는
득달하게 되는 짜릿한 깨달음과
호젓이 다가오는 경건함
비록 텅 비운 것은 아니겠지만
그나마 내려놓은 빈 수레에
굳이 또다시 채워야 할 의미와
그 어떤 의무마저 느끼지 못함에
생로병사의 무덤 앞에
누군가 갖다 놓았을 꽃 한 송이조차
달리는 열차의 철 바퀴 소리보다
더 무겁게 느껴질 것이려니

내세(來世)로 가는 길목에서

화려한 황금으로 치장한
이승의 무릉도원 사찰
정좌한 노(老)스님의 옅은 미소와
온화하고도 따뜻한 눈빛 속에서
유령처럼 울리는 묵언들
지금 행복하세요?
어디쯤 가고 있소이까?
일말의 화두(話頭)가 지나가고
돌아서려는 발길 뒷전에서의
또 다른 영혼의 소리
내세로 들어오세요!
순간 와불이 되어
온몸으로 전율이 느껴질 때
두 손 합장한 스님은 눈 감은 채
말없이 고개만 끄덕인다
운명처럼 스치고 만 길목에서
윤회(輪廻)의 일탈(逸脫)일 것 같은

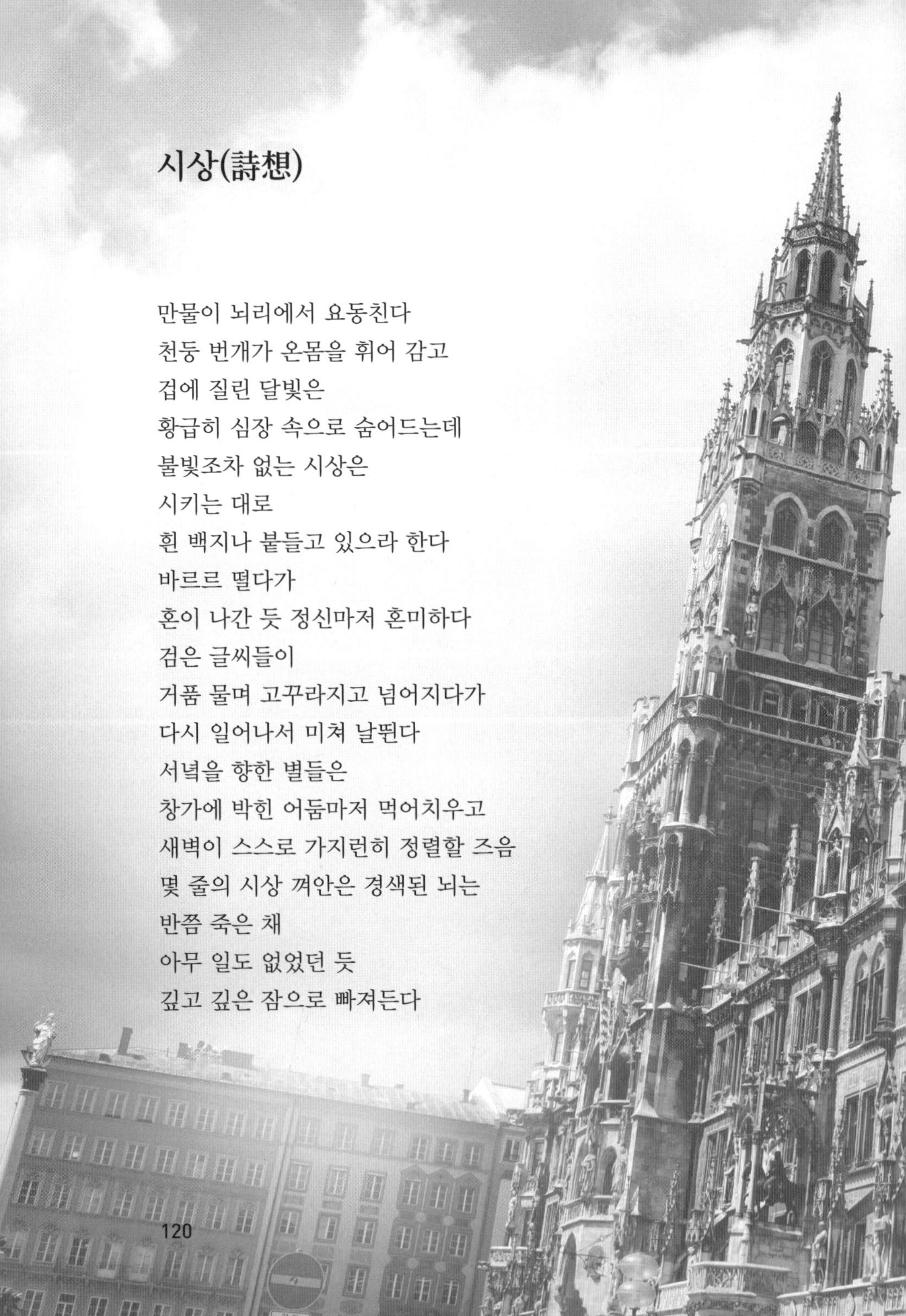

시상(詩想)

만물이 뇌리에서 요동친다
천둥 번개가 온몸을 휘어 감고
겁에 질린 달빛은
황급히 심장 속으로 숨어드는데
불빛조차 없는 시상은
시키는 대로
흰 백지나 붙들고 있으라 한다
바르르 떨다가
혼이 나간 듯 정신마저 혼미하다
검은 글씨들이
거품 물며 고꾸라지고 넘어지다가
다시 일어나서 미쳐 날뛴다
서녘을 향한 별들은
창가에 박힌 어둠마저 먹어치우고
새벽이 스스로 가지런히 정렬할 즈음
몇 줄의 시상 껴안은 경색된 뇌는
반쯤 죽은 채
아무 일도 없었던 듯
깊고 깊은 잠으로 빠져든다

알함브라 궁전*

혼이라도 구름 되어
정처 없이 떠돌아다니고 있거라
떠나야 했던 나스르왕조
뒤돌아보고 또 돌아보다가
울컥 쏟아내고만 뜨거운 눈물
한 세월을 호령하던 그 망국(亡國)
스무나흗날 주야장천
차라리 비라도 되어 내리거라
달빛조차 없는 그믐날
이토록 호젓한 애처로움 되어
알함브라 궁전의 정원이라도 되겠지
회랑에 숨은 왕이여
승리는 별 의미 없으리니
타레가*의 구슬픈 기타 소리 들으면서
석양 바라보며 그저 모른 척
먼 지평선에서 귀나 기울이고 있거라

*알함브라 궁전 : 스페인 그라나다에 위치. 13세기 후반 나스르왕조(이슬람 마지막 왕조) 때 건축.

*타레가 : 에스파냐의 기타 연주가이자 작곡가. 카스티용 근교 출생. 근대 기타연주법의 창시자로 일컬어질 만큼 뛰어난 음악성을 보였으나, 1906년 오른팔이 마비되어 그 후 연주생활을 계속하지 못하였다. 작곡에서도 뛰어난 솜씨를 보여 〈알람브라궁전의 추억〉을 비롯한 〈아침의 노래〉 등 많은 기타독주곡과 연습곡 등을 남겼다.

아가야

울지 말거라 아가야!
누구나 다 그러하듯
강보에 싸인 사연 알지 못한 채
본의 아니게
외로운 싸릿문 열게 되나니
차디찬 북풍에 흔들리다가
그리움의 길마저 내주지 않을
아득한 시간 속에서 헤맬 즈음이면
빛도 어둠도 다
하나임을 알게 된단다
사실이건대
허기진 세월 꾹꾹 누르다 보면
목청껏 외쳤던 삶조차도
따지고 보면 다 별거 아닌 거
아쉽다는 말조차 못 한 채
잠시 스치고 말 바람 소리 같은 거

그러하니 아가야!
부디 굵은 눈물만은 거두어 두거라

자정

언제나 그러하듯
생면부지 초면임에도
살가운 눈빛으로 다가온
너이기에 좋다
굳이 기억하지 않아도
사라져야 할 것들 뿌리치고
다독여야 할 또 다른 소중함으로
정중히 찾아옴에
정결하고 깨끗한 몸짓으로
널 곱게 단장시키고선
부드러운 살결로
안아볼 수 있어서 좋다
비록 부딪치고 깨지고 멍들겠지만
쓰담쓰담 하면서
그냥 지나치고 말 게으름 아닌
나름의 뜻한 바이기에
가장 진한 어둠의 한가운데 선
또 다른 후회 만들기 딱 좋은
그러한 너이기에 마냥 좋다

젊음

꿈속을 헤매다가
아직도 미소 짓는 널 발견했지
그 어느 한때 싱그러웠던 넌,
무덤덤한 표정 속에서
가끔은 야릇한 미소 보였지
싱그러운 봄이 불편하다면
애써 단풍인 척하라고 했던 넌,
어느 날 술 몇 잔에 기대어
끝없는 주정(酒酊) 늘어놓았고
퇴색된 낙엽도 이보다는 낫겠다며
목석이 따로 없다고 했던 의미
욕망을 풀어헤치기도 전에
펑펑 쏟아낸 뜻밖의 눈물과 함께
안개 속 저편으로 사라져간
아득한 젊음…
　　　　젊음…
　　　　　젊음…

꿈이 아닌 생시의 넌, 지금쯤
그 어느 미로 속을 걸어가고 있을지….

주검을 바라보면서

거기는 무념(無念)!
그토록 어렵고도 길게 이어져 온
인연들의 막다른 골목이겠지
지치고 지친 지금의 넌,
싸늘하고도 넋 나간 채 홀로 누워서
눈 떠보려 하지만 암흑의 세계
낭떠러지에 서 있는 넌, 너를
그 얼마나 고집스럽게 부려 먹었던고
아련히 들려오는 흐느끼는 소리에
너무도 많이 미안해하겠지만
천상으로 가는
공명인 줄 착각하고 있겠지
뇌물 삼아 눈 한번 찔끔 감았던
멋진 날들도 더듬겠지만
노잣돈으로 받은 미지의 여정마저
옥죄고 싶지 않은 까닭에
모든 것 다 잊고선 홀로 가고 있겠지

하얗게 변해가는 공(空)의 세계로

회고(回顧)

어둑어둑해진 시간
잿빛 구름 짙게 드리우더니
첫눈이 내린다
멋쩍은 지난날들이
시름시름 고갤 들이밀어 오메
혼자 걸어도 좋을
이런 날 잠시 걸어본다
두 어깨 촉촉이 눈 쌓이겠지만
젖은 것도
젖은 것 같지도 아니한
어정쩡한 세월들
애써 피한 적도 없거니와
눈길에 털썩 미끄러진 적도 없건만
뼈마디 어딘가 쑤시는 듯한
정성스럽지 못했던 날들
때로는 밉살스런 현실을 앞에 두고
함박눈 같은 실상들이
펑펑 내리다가 말겠지 했겠지만
어느덧 발목까지 쌓이고
밑창조차 터져 질퍽하게 시려오니
퉁퉁 부어오른 고통조차도
쾌감으로 느껴지는 오묘함 속에

몇 발자국 느린 아둔함을 바라보면서
어디쯤 가고 있을는지
지각(知覺)조차 느끼지 못했음에
하얀 속으로 빠져든 육신은
천지가 어딘지 돌아갈 길 몰라
가슴팍 파고드는 찬바람은
심장 속으로 빨려 들어가
절박함도 잠시
이 땅에 대하여 감사함과 더불어
이토록 하얀 날에는
굳이 돌아가지 않아도 될 거라고
그냥 잊고 있어도 좋을 거라고
애써 이름 석 자 크게 불러줘 본다

청보리밭 거닐다가

기나긴 추위에 지친 보리밭
우수에 들떠 있다
갓 나온 능구렁이는
쑥잎 사이를 지나
반짝이는 봄볕 찾아
구불구불 밭두렁 헤매이는데
아지랑이 너무도 짧아
아직은 아쉽기 짝이 없고
햇살은 구름 피해
빼꼼히 고갤 내밀어 보지만
수줍은가 청보리 사이에서
마냥 웃고만 있다
불현듯!
이른 청춘 그 어느 날에
설익은 보리밭 함께 거닐던
얼굴 붉히던 그 가시내
아련한 싹이 되어
새록새록 절로 피어난다

자갈

얼마나 더 버텨야
삶이 끝날까
얻어맞고 터지다 보니
어느 강변 한켠에서
뜨거운 햇살 아래에서 변색된 너
유성처럼 스쳐 간 청춘
그게 너였다는 사실조차
기억에서 지워져
부딪치고 깨지고 버려지고
둥글둥글 서로가 닮아간 흔적뿐
이래저래 한세상일 거라고
거친 파도에 물거품 물면서도
그저 일상인 척하면
그만 일 거라고
아픈 가슴 부둥켜안고
옹기종기 모여든 이웃들
눈, 코, 입 다 닮아 버린
이들은 지금
저 멀리 요단강 건너는 중

할아버지

축 늘어진 스멀스멀한 기억 하나
고집불통이셨던 할아버지
상투 트는 것으로
양반 자존심을 지키려 하셨던 그분
갓 들어온 며느리는 늘
길들어져야 할 대상이었고
사랑방에서 봉당 지나 마당으로
냅다 내던져지는 저녁상
일과(日課)가 늘 그러했으니
벙어리 3년 귀머거리 3년이라 했던가
우는 것조차 복에 겨울까마는
주섬주섬 모아 다시 차려 올리는
왕 중의 왕
동력 없이도 잘도 가버린 세월 속에서
이제서야 떠올려 보는 시간 속 여행
그래도 손자의 기억 속에서 그분은 늘
가장 존경스러웠던 왕이셨기에
족보 뒤켠을 뒤적이면서
커피 한잔에 묻혀 회자하고 있다

| 해설 |

소박하고 진솔한 감성으로 통찰한 서정적 시심의 미학

– 정범식 시집 『이것은 뭘까』에 대한 평설

최병영(시인, 문학평론가)

시는 상상력으로 빚는 심미적 세계의 영상이다. 시는 목화밭에서 눈부시게 하얀 실 가닥을 한 올 한 올 뽑아내는 물레질의 찬연한 결과물이다. 목화 실올은 정성과 집념과 소망의 발현이다. 목화의 성장을 위해서는 햇빛과 바람과 빗물과 자양분이 적절히 공급되어야 한다. 그렇게 피어난 목화는 소담하고 온유하며 탐스럽다. 목화재배처럼 시도 의미 있는 진통의 결실이다. 참신한 시는 항시 구체성과 창의성, 선명한 이미지와 여백의 넉넉한 공간을 잘 조율하고 무르익은 언어로 깊은 내면의 흐름을 결집해야 한다. 우리는 한 편의 시를 통해 극대화된 기쁨과 희열을 만끽하고 슬픔과 아픔을 공감하며 고독과 번민을 경험한다. 시는 영혼의 타래를 풀어 사유와 정서를 직조(織造) 하는 경이로운 예술의 창작이다.

1.

정범식 시인에게 시는 일상적 삶의 체험과 보편적 사유의 결실이다. 그는 시를 일상화하여 삶의 일부로 수용하고 마치 누에가 점액을 토하여 고치를 만들듯이 작품을 생성한다. 명주실은 누에의 허물과 누에잠이 빚은 고귀한 산물이다. 누에의 삶처럼 시도 감성과 이성이 조화된 서정과 서사의 구조를 갖는다. 시는 순결하고 진솔한 영혼의 노래이다. 그것이 시의 본질이고 참된 가치이다. 우리는 시에서 격동하는 전율과 함께 시를 내면에 수용하여 음미하며 자기화하게 된다. 세상에 존재하는 모든 것이 소멸하고 멸실되더라도 시는 더욱 질긴 잠재력과 생명력을 지니고 인간 삶의 고유한 빛과 그림자를 선연히 조명해 줄 것이다. 정범식 시인은 세상과 자아의 존재, 인생과 삶의 의미에 대하여 의문부호를 갖고 끊임없이 질문을 던진다. 운무(雲霧) 자욱한 길처럼 그것들의 실체가 불분명하기 때문이다. 세상은 살면 살수록 알 수 없는 모호성을 지닌다. 그 의혹이 원초적인 호기심을 자극하고 본질을 규명하고자 하는 의식의 심층에 천착(穿鑿)하게 한다. 시집 『이것은 뭘까』는 인생과 삶의 주체로서 대상에게 소통과 본질규명을 위해 던지는 원천적 질문이며 탐구적인 의식의 발현이다.

이팝나무 아래 서성일 거면
가로등 불빛이나 되어 주오
새벽잠 설치며 다가온 바람
그대 향기 그리워
수도승인 양 주저앉았더이다
뭇, 스쳐 간 얘기들
허기진 인연들
이팝꽃으로 피어났다가

수많은 별빛들 사이 유성이 되어
하염없이 날아다닐 거외다

—「이팝꽃」 일부

초저녁에 그가
굴참나무가지 뒤에 숨어서
지그시 지켜보고 있었다는 사실을
여태 난, 모르고 살아왔다
가끔 내미는 얼굴
참으로 창백하다 여겼지만
별 따라 흘러가는 것이
강물도 아닌 것이
산 뿌리 끝에 매달린 것이
구름도 아닌 것이
꾸역꾸역 이어가는 현실임을
여태 난. 모르고 살아왔다

—「초승달」 일부

물안개
스멀스멀 피어오르기에
님 오시려나 했습니다
산모퉁이 돌고 돌아
빼꼼히 내밀어 오는
그리움 만지작거리기에
아! 님께서도
눈부시도록 새하얗게 피어나는
어느 뒤안길에서

갓 새악시 되어 설레이는 맘으로
여태 기다리셨나 싶었습니다

—「물안개」 일부

시는 자연과 나누는 무언의 대화이다. 시적대상의 상관물은 감정이입(感情移入)에 의해 꽃처럼 피어나 감성을 지배한다. 시적자아가 추구하는 삶을 자연과의 합일성을 통해 희원(希願)하는 소망과 가슴 벅찬 절대적 의식의 동질성을 감각적 언어로 형상화한다. 이팝꽃은 주로 꽃이 지닌 형태적 이미지와 궁핍했던 우리 지난날의 정황을 연계하여 고난을 그린 작품이 대세를 이룬다. 꽃이 활짝 피면 마치 흰 쌀밥을 담아놓은 것 같이 소담스레 보이는 형상을 시로 채화한 것이다. 이에 비해 정범식 시인의 「이팝꽃」은 '임에 대한 연정'을 그리는 점이 특이하다. 꽃은 임의 향기 그리워 새벽잠 설친 바람과 아픈 사연 품어 안고 달려가고픈 인연의 꽃으로 형상화된다. 스쳐간 인연들이 이팝꽃으로 피어나 유성으로 떠돌며 시적자아의 감정으로 전이(轉移)된다. 이팝꽃의 윤회는 임에 대한 연정의 윤회로 승화되고, 이는 다시 시적자아의 가슴 아픈 정회(情懷)로 이어지는 순환적 구조로 표현된다. 자연계의 상관물은 신비로운 존재들이다. 우주가 형성된 역사적 과정이 그렇듯이 그 주체로 존재하는 것들도 신비로움을 지니고 있다. 이 신비로운 현상 앞에서 시적자아는 '모름'을 시적언어로 운용한다. 그가 굴참나무 가지 뒤에 숨어 지켜보는 사실과 창백한 얼굴로 가끔 얼굴을 내밀며 산정(山頂)에 매달린 이유와 동반자라 여기던 그가 불멸의 신이라는 사실도 전혀 모르고 있다. 초승달은 눈썹달이다. 눈썹처럼 가늘기에 가냘프고 그러기에 슬프고 안쓰러운 존재이다. 초승달은 '불멸의 신'으로서 존재가치가 명

확하다. 그러나 초승달은 그 자체로서의 모습이 정서의 본질을 구축하고, 이는 시적자아의 현재성과 연계되어 의미를 더욱 심화 생성한다. 물안개는 몽환적인 분위기의 주체이다. 그 몽환적 분위기가 임에 대한 그리움과 절묘하게 조화되어 시적분위기를 형성한다. 임은 시적자아에게 절대적인 기다림의 대상이고 기다려 주었으면 하고 갈망하는 주체의 의미로 자리한다. '오색 향기/ 한 아름 꺾어 들고/ 한걸음에 산상(山上) 올라갔건만' 임은 보이지 않고 뿌옇게 피어오르는 물안개만 자욱하다. 물안개는 임에 대한 간절한 염원과 그리움의 정서를 더욱 강화하는 상관물로 자리한다. 물안개 지핀 시적분위기와 임에 대한 연민의 정서가 잘 용해되어 시의 미적가치를 승화시킨다.

2.

정범식 시인의 시집 『이것은 뭘까』에 수록된 작품 중에서 연작시 형태를 지닌 시군(詩群)이 주목된다. 이는 '비의 예찬' 11수와 '외로움에 대한 예찬' 10수, '하루의 끝에서' 5수, '흔적을 찾아서' 11수로 전체 시의 32.5%를 점한다. '비의 예찬' 시군은 비 내리는 날 어느 연인의 이별, 떠나간 임에 대한 그리움, 거센 빗소리 속의 만남과 이별, 떠나간 친구에 대한 연민 등이 주조를 이루고 '외로움에 대한 예찬' 작품군은 공허한 빈터의 적막감, 뒷산에 올라 느끼는 외로움과 그리움, 오케스트라 연주를 들으며 느끼는 고적감, 무심으로 혼자서 어딘가로 떠나고픈 마음 등을 그리고 있다. 또한 '하루의 끝에서' 작품군은 황홀한 낙조의 풍광과 환희, 늦가을 가을의 정취, 메콩강가에서의 적막감, 일몰의 정경에 대한 찬탄 등이 시의 정서를 이루고 있고 '흔적을 찾아서'는 장작불에서 연상되는 어머니에 대한 회상,

비 내리는 덕수궁 돌담길의 정취, 낡은 나무 의자에 담긴 아버지의 손길, 오래된 상석(床石)에서 느끼는 시대변화의 무상감, 꽃망울 터트리는 계절의 주검 이야기가 시의 줄기를 형성한다.

어느덧 잊었나 그대는
곡우에 풍년 들고
너울너울 개울
돌다리 건너고 건너
수줍음 대롱대롱 매달린
작약꽃 사이 지나
속삭이듯 사박사박 돌아와
어여쁜 꽃신에 연지 찍고선
새악시 삼아 준다던
그 약속

—「비의 예찬 3」 곡우(穀雨) 일부

벌건 대낮에도 달이 보인다며
세상엔 별이 하나뿐일 거라면서
뜬금없이 미소 짓던 그 친구
포장마차에서 몇 잔술에 취하던 그날도
진한 담배 연기 속을 헤집으면서
삶이 사라지고 있다고 했지
밤새 옷깃 부슬부슬 적시면서
홀연히 떠나간 그 친구
저 하늘 어딘가에 있을
하나뿐인 별에서 환하게 웃고 있겠지

—「비의 예찬 8」 보슬비 일부

비는 우리 생활에 있어 중요한 물의 공급원인 동시에 농작물의 수확량과 직결되기에 이에 대한 옛 기록은 매우 풍성하다. 비는 문학작품에도 여러 가지로 투영되어 나타난다. 비는 군왕의 은혜로 비유되기도 했는데, 이는 만물을 자라게 하는 것처럼 만백성을 살리는 것이 군주라 여긴 때문이다. 깊은 밤 달빛의 시각적인 감각보다는 궂은비 낙수 소리의 청각적 이미지가 더 많이 작품에 활용된다. 비는 풍요의 원천이라는 점에서 긍정적인 여러 측면이 문학작품에 등장하나 그것이 지나쳐 장마를 이룰 때의 부정적인 측면도 부각되어 나타난다. 전자에서는 생활의 풍요함, 세우(細雨)에서 느끼는 섬세한 아름다움의 발견이 주라면, 후자에서는 홍수에 의한 천지의 변혁과 폭정에 대한 비유 등으로도 나타난다. 비의 종류는 참으로 다양하다. 잔비, 실비, 싸락비, 발비, 여우비, 해비, 바람비, 도둑비, 단비, 궂은비, 낙종물, 는개(연우), 보슬비, 작달비 등의 명칭이 이를 구체화시켜 보여준다. 비의 종류에 따라 그것이 문학작품의 소재로 인용된 양상도 달라진다. 곡우(穀雨)는 일 년 중 모심기에 필요한 비가 내린다는 날을 말한다. 임은 곡우 무렵에 찾아온다고 언약했다. 아지랑이 피어나고 곡우 내리는 날 찾아와 호롱불 켜놓고 사랑 노래 불러준다고 철석같이 약속했지만 여직 아무런 소식이 없다. '어느덧 잊었나 그대는'라는 도치법(倒置法)으로 응용된 시적자아의 목소리에는 기다림과 연민과 원성과 사랑의 정서가 담뿍 배어 있다. 시적자아는 약속을 저버린 임에 대한 원망을 표출하고 있으나 이는 그 이상의 연정과 기다림이 농축된 감정의 발로에서 비롯된 반사적 행위이다. 시적자아는 들국화가 가을바람에 오들오들 떨던 어느 날, 보슬비 속에서 친구에 대한 영상을 발견한다. 아마도 친구는 '바람에 어딘가에 있을/ 하나뿐인 별에서 환하게' 웃고 있을 것이다. 친구는 하나뿐인 별에서 하나의 별이 되어 함초롬히 빛나고 있을 것이다. 보슬비와 친구의 주검이 자연스런 이미지로 연계되어 슬픈 정회를 더욱 심화하는 상승효과를 가져와 가슴이 뭉클해진다. 비는 이별과 그리움의 정서적 주체이다.

뒷산 계곡 에돌다
자그마한 옹달샘을 발견하였다
어설프게 고이다가 만 물
냇물 되어 강으로 가지 못하고
끝내 주저앉은 모습
맑은 듯 들여다볼수록
흐릿한 게
전혀 낯설지가 않다

—「외로움에 대한 예찬 2」 고인 물 일부

고요한 어둠 사이로
수많은 별들
초롱초롱 강물 속으로
빠져든다
저 홀로 깨어나
새벽안개 너머로
까만 조약돌 하나
슬며시 던져 본다
이슬 머금은 갈대숲
흠칫 놀란 듯
무심(無心) 하나 후드득
선심인 양 되돌려 준다

—「외로움에 대한 예찬 9」 새벽 강가 일부

외로움의 사전적 의미는 혼자가 되어 쓸쓸한 마음이나 느낌을 뜻한다. 이는 사회적 동물인 인간이 타인과 소통하지 못하고 격리되어 있을 때 느끼는 감정이다. 펄벅은 '내 안에는 나 혼자 살고 있는 고독의 장소가 있다. 그곳은 말라붙은 당신의 마음을 소생시키는 단 하나의 장소이다'라 말했고, 괴테는 '재능은 고독 속에서 가장 크게 발전할 수 있고 인격은 세상의 험난한 풍파 속에서 가장 많이 형성된다.'고 규정하였다. 외로움은 대중 속에서도 겪는 적적하고 쓸쓸한 감정이다. 시적자아는 뒷산 계곡에서 옹달샘을 만난다. 물이 고이다 말아 냇물이나 강으로 흘러가지 못하고 지형에 갇혀 있는 안타까운 모습이다. 고인 물은 썩기 마련이다. 겉은 맑은 듯하나 자세히 들여다보니 물속이 흐릿하다. 인간세계도 마찬가지이다. 옹달샘이 흘러가야 하듯이 인간세계도 흘러가야 한다. 부지런히 흘러가는 세상은 부식될 겨를이 없다. 흘러가는 물이라야 맑음을 유지할 수 있다. 이는 인간 세상의 삶에 대한 경종의 울림이다. 새벽강가, 고요한 어둠 사이로 수많은 별들이 강물에 빠져든다. 새벽안개 너머로 조약돌을 던지니 갈대밭에서 무심(無心) 하나 후드득 되돌아온다. 적당한 어둠과 새벽 강가, 물안개, 조약돌이 시적배경을 이루며 외로움의 정서와 어우러져 고독을 생성하는 지배적 요인으로 작용한다. 이 시에서는 자연과의 순정한 교감과 순수 무구한 서정이 감각적으로 배합되어 한 폭의 수묵화처럼 아름답게 피어난다.

3.

시에는 시인의 어조(語調)가 진정성으로 가득 차 있어야 한다. 시적감동의 제일차적 원천은 진정성이다. 이를 새롭게 표현하여 미적

감각을 자극하는 것이 문학의 본류(本流)이다. 탁월한 문체와 간결미가 돋보이는 수사학이 구성과 표현에서 묘미를 창출하고 시적화자가 철학으로 깨달음을 안겨주는 것이 서정시학의 값진 진면목이다. 본질적으로 시는 시적자아와 외부세계의 화해와 융합을 꿈꾸는 문학이다. 이것이 서정시가 지니는 본역(本域)의 관성이다.

너와 나 가운데에
사이란 놈이 끼어들었다
헤죽헤죽 웃으면서도
왜 그랬는지
한사코 대답이 없다
늘 다정하고 아름다웠건만
깨져 버리고 멀어져간
우리들 관계

—「사이」 일부

더 이상
갈 곳이 없다
죽을힘을 다해
올라왔건만
발밑엔 끝없는 안개바다
공허함만 흩날리는
이곳엔
파란 하늘과
떠다니는 뭉게구름에
거칠 것 없는 매서운 바람

—「산 정상」 일부

인간의 삶은 사이와 사이가 이어지며 전개된다. 단편적인 생의 편린(片鱗)들은 모두 '사이'를 지닌 개체적인 존재들이다. 이들 조각들은 모두 나름대로 의미와 가치를 지닌다. 이들이 완성된 하나의 부분으로 이어질 때 그 의미와 가치는 배가(倍加)된다. 서로의 개체적 존재가 아니라 하나로 모으는 것이 삶의 요체이다. 사이는 간극(間隙)이고 이완(弛緩)이다. 간극과 이완은 소통의 단절과 갈등을 야기하고 고뇌와 번민의 진통을 낳는다. 어느 결엔가 너와 나 가운데에 '사이'란 녀석이 끼어들었다. 이제 너와 나 사이에 간극이 존재하고, 우리라는 공동체의 이름이 점차 이완의 틈새로 벌어질 것은 자명하다. 인간관계에서 '사이' 만큼 위험한 요소도 없다. 사이를 극복하고 오른 정상은 피나는 노력과 아픔의 결과물이다. 오랜 날의 땀과 눈물이 있어야 비로소 정상에 오를 수 있다. 그러나 누구든 그 정상에서는 순간 다시 내려와야 한다. 정상은 희열과 환희를 만끽하는 자리인 동시에 외롭고 고적한 자리이기도 하다. 산봉우리는 더 이상 오를 수 없는 한계점이다. 그 정상에서 내려설 때 발걸음은 겸양과 양보와 연민의 미덕으로 충만해야 한다. 그것이 정녕 정상에 선 자가 지녀야 할 덕목이다.

해송 숲속 저 너머
검붉은 노을
어스레한 하루가
수평선에 길게 누웠다
고달픈 삶에 지치고 나면
저토록 황홀해질까
허기진 가슴 품으면

저토록 환희에 찰까
반쯤 감은 그윽한 눈빛

—「하루의 끝에서 1」 낙조(궁평에서) 일부

어스름 깔리기 전에
봇짐 메고 길 떠나야겠네
석양 지고 달무리
곁가지에 걸치고 나면
황홀한 그리움 더 영글어
대문간 지나 문풍지 뚫을까 봐
갓 가라앉힌 간사한 마음
돌이키기 전에
소리 없이 어여 길 떠나야겠네

—「스친 인연」 일부

하루의 끝, 해송 숲속 저 너머에 선혈처럼 검붉은 노을이 타든다. 고단했던 하루가 수평선에 길게 누웠다. '삶에 지치고 나면/ 저토록 황홀해질까'라는 반어적 의문에는 시적자아의 진솔한 삶이 농축되어 있다. 삶과 자연현상을 묵시적으로 접목하여 감각적 표현으로 구슬려내는 시적기법이 두드러진다. 이제는 어둠이 몰려올 시간, '어스름 깔리기 전에/ 봇짐 메고 길 떠나야' 한다. 끝내 인연을 바랐던 마음조차 가슴에 묻고 나그네처럼 떠나야 한다. 그리움 영글어 가슴을 메워도 인연은 그냥 스쳐 가는 것, 침묵 한 짐 지고 바람인 듯, 구름인 듯 떠나야 한다. 휘적휘적 떠나는 시적자아의 뒷모습이 아련한 정경으로 짙게 여운을 끌어간다.

4.

정범식 시인의 시집 『이것은 뭘까』에 상재된 작품은 몇 가지 특징적 요소를 지닌다. 전체적으로 질박한 언어를 바탕으로 시심을 구현하며 깊은 응시 과정을 통해 자기 정체성을 주도적으로 확보한다. 그의 시는 진솔한 감성을 숙성시키며 시심(詩心)을 키우려는 시인으로서의 사명의식에 투철하다. 난해성을 극복하고 통상적 언어로 접맥한 시는 독자의 접근성이 용이하고 가독성을 증대시키며 원활한 이해력을 돕는다. 정범식 시인의 시편은 삶의 양상과 자연물이 공간적 광장에서 파생되는 내적 충만의 자유로운 자아성찰로 이어지는데, 이는 현대시의 존재론적 해석으로도 이해할 수 있다. 정범식 시인의 제반 시편들은 원천적인 존재의 양상을 조합하여 고적한 영혼을 위로하고 다독인다. 또 이는 독자적이고 개체적인 시어의 조탁과 생명외경의 현상으로 확대되며 감명을 회복시켜주는 추이(推移)의 한 단면으로 작용한다. 그는 꾸밈없는 사유의 투명성과 작위적이지 않은 순박한 의식의 융합으로 빚어낸 순결한 영혼의 자아상을 그린다. 시 작품은 서정적 자아상의 구현이자 가치관이며 인생론을 망라한다. 정범식 시인의 작품은 순수서정으로 일구어내는 삶의 본질이며 일그러지고 소멸되어가는 인간성 회복을 위한 염원의 시학이다.

정범식 시인의 제4시집 『이것은 뭘까』 상재를 진심으로 축하하며, 앞으로도 무한한 문학적 성취와 함께 건필을 직립(直立)해가길 축원한다.

문학세계대표작가선 865

이것은 뭘까

정범식 4시집

인쇄 1판 1쇄 2018년 9월 21일
발행 1판 1쇄 2018년 10월 2일

지 은 이 : 정범식
펴 낸 이 : 김천우
펴 낸 곳 : 도서출판 천우
등 록 : 1992. 2. 15. 제1-1307호
주 소 : 서울시 성동구 무학봉28길 6 금용빌딩 2F
전 화 : 02)2298-7661
팩 스 : 02)2298-7665
http://moonhak.wla.or.kr
E-mail : chunwo@hanmail.net

값 10,000원

ISBN 978-89-7954-732-0

이 도서의 국립중앙도서관 출판예정도서목록(CIP)은 서지정보유통지원시스템 홈페이지(http://seoji.nl.go.kr)와 국가자료공동목록시스템(http://www.nl.go.kr/kolisnet)에서 이용하실 수 있습니다. (CIP제어번호: CIP2018030406)